THE BILINGUAL REVOLUTION SERIES

TBR Books

Un programa de Center for the Advancement of
Languages, Education and Communities (CALEC)

Nuestros Libros En Inglés

Mamma in her Village, Maristella de Panizza Lorch

The Bilingual Revolution: Conversations on Bilingualism, Fabrice
Jaumont

Beyond Gibraltar, Maristella de Panizza Lorch

The Clarks of Willsborough Point: A Journey through Childhood, Darcey
Hale

The Other Shore, Maristella de Panizza Lorch

*The Gift of Languages: Paradigm Shift in U.S. Foreign Language
Education,* Fabrice Jaumont y Kathleen Stein-Smith

*Two Centuries of French Education in New York: The Role of Schools in
Cultural Diplomacy,* Jane Flatau Ross

The Clarks of Willsborough Point: The Long Trek North, Darcey Hale

The Bilingual Revolution: The Future of Education is in Two Languages,
Fabrice Jaumont

Nuestros Libros Traducidos

*El regalo de las lenguas, un cambio de paradigma en la enseñanza de
las lenguas extranjeras en Estados Unidos.* Fabrice Jaumont y Kathleen
Stein-Smith

*Le don des langues, vers un changement de paradigme dans l'enseignement
des langues étrangères aux États-Unis,* Fabrice Jaumont y Kathleen Stein-
Smith

Die Bilinguale Revolution: Die Zukunft der Bildung liegt in zwei Sprachen, Fabrice Jaumont

La revolución bilingüe: El futuro de la educación está en dos idiomas, Fabrice Jaumont

ДВУЯЗЫЧНАЯ РЕВОЛЮЦИЯ: БУДУЩЕЕ ОБРАЗОВАНИЯ НА ДВУХ ЯЗЫКАХ, Фабрис Жомон

La Révolution bilingue: Le futur de l'éducation s'écrit en deux langues, Fabrice Jaumont

Rewolucja Dwujęzyczna : Przyszłość edukacji jest w dwóch językach, Fabrice Jaumont

La Rivoluzione Bilingue: Il futuro dell'istruzione in due lingue, Fabrice Jaumont

DE LOS MISMOS AUTORES

Kathleen Stein-Smith. *The U.S. Foreign Language Deficit: Strategies for Maintaining a Competitive Edge in a Globalized World* (Palgrave-MacMillan, 2016).

Kathleen Stein-Smith. *The U.S. Foreign Language Deficit and How It Can Be Effectively Addressed in the Globalized World: A Bibliographic Essay* (Edwin Mellen Press, 2013).

Kathleen Stein-Smith. *The U.S. Foreign Language Deficit and Our Economic and National Security: A Bibliographic Essay on the U.S. Language Paradox.* (Edwin Mellen Press, 2013).

Kathleen Stein-Smith. Fabrice Jaumont. *The Gift of Languages: Paradigm Shift in U.S. Foreign Language Education* (TBR Books, 2019).

Fabrice Jaumont. *Partenaires inégaux: fondations américaines et universités en Afrique* (Editions Maison des Sciences de l'Homme, 2018).

Fabrice Jaumont. *Stanley Kubrick: The Odysseys* (Books We Live by, 2018).

Fabrice Jaumont. *The Bilingual Revolution: The Future of Education is in Two Languages* (TBR Books, 2017).

Fabrice Jaumont. *Unequal Partners: American Foundations and Higher Education Development in Africa* (Palgrave-MacMillan, 2016).

EL REGALO DE LAS LENGUAS

UN CAMBIO DE PARADIGMA EN LA ENSEÑANZA DE LAS LENGUAS EXTRANJERAS EN ESTADOS UNIDOS

Fabrice Jaumont y Kathleen Stein-Smith

Traducido por Renata Somar

TBR Books
Nueva York

TBR Books es un programa de Center for the Advancement of Languages, Education and Communities. Publicamos el trabajo de investigadores y profesionales que desean involucrar a distintas comunidades en temas relacionados con la educación, los idiomas, la historia cultural y las iniciativas sociales.

TBR Books
146 Norman Avenue
Brooklyn, New York
www.tbr-books.org | contact@tbr-books.org

Ilustración de portada © Jonas Cuénin
Portada del libro © Nathalie Charles
ISBN 978-1-947626-35-5 (libro de tapa blanda)
ISBN 978-1-947626-36-2 (eBook)

La Librería del Congreso ha catalogado la edición de pasta dura de TBR Books de la manera siguiente:
    Jaumont, Fabrice; Stein-Smith, Kathleen.
    The Gift of Languages: Paradigm Shift in U.S. Foreign Language Education / Fabrice Jaumont and Kathleen Stein-Smith
    Incluye referencias biográficas e índice
    Librería del Congreso Número de control: 2018914029

Índice

Elogios

Estamos en un punto crítico de la nación en el que podemos seguir aferrándonos a nuestro pasado monolingüe o darle la bienvenida a un futuro multilingüe y más inclusivo. El regalo de las lenguas *nos ayuda a prepararnos y a entender el necesario cambio de paradigma para adoptar e implementar en nuestras escuelas y comunidades una mentalidad y un programa multilingües. Este libro, escrito en coautoría por dos especialistas con amplia experiencia en el campo de la educación bilingüe y multilingüe, es un texto obligado para los educadores, legisladores, líderes comunitarios, estudiantes y padres de familia que desean implementar cambios significativos hoy mismo.*
—Andrew H. Clark, Ph.D. Cátedra Departamento de Lenguas y Literaturas Modernas, Fordham University

El regalo de las lenguas *debería despertar a todos los estadounidenses, y especialmente a los legisladores, y concientizarlos respecto a la necesidad de educar a generaciones futuras de ciudadanos multilingües capaces de competir y progresar en nuestra comunidad mundial. Cuando Thomas Jefferson, uno de nuestros presidentes y padres fundadores, fundó la Universidad de Virginia, actuó y habló respecto a la necesidad de enseñar distintas lenguas. Sin embargo, no hemos estado a la altura de sus palabras y sus actos como nación. Recordemos que comenzamos como un grupo humano con diversidad lingüística y cultural que se fue uniendo a lo largo de los años para construir una nación fuerte. ¡La diversidad lingüística es el regalo que nuestro país necesita darse a sí mismo!*
—Francesco L. Fratto, presidente de The Foreign Language Association of Chairpersons and Supervisors

Dominar distintas lenguas es esencial para comunicarnos y entender a los otros, para respetarnos y para apreciar nuestro legado y raíces. El regalo de las lenguas *es una herramienta invaluable para los legisladores, los educadores, las familias y los estudiantes que ya están trabajando en el ámbito de la lengua, y para quienes tienen la esperanza de propiciar el tipo de cambio de paradigma que proponen los autores. Este libro ofrece argumentos coherentes a favor del aprendizaje extendido de lenguas en todos los grados, y defiende en particular la expansión de la amplitud y la variedad de las oportunidades educativas multilingües que se han ido extendiendo en los sistemas de escuelas*

i

públicas, de Utah a Luisiana, a Nueva York y más allá. Los autores citan ejemplos de la Revolución Bilingüe en marcha y ofrecen el tipo de argumentos y ejemplos que pueden hacer eco en los educadores y que dirigen las políticas hacia una profundización de la manera en que le atribuimos valor a la enseñanza de lenguas en Estados Unidos. Este libro es indispensable para cualquier persona interesada en el futuro de la enseñanza de idiomas y lenguas.
—Jane F. Ross, Ph.D., presidente y fundadora del programa French Heritage Language

Prefacio

Más de 60 % de los habitantes del planeta son bilingües o multilingües, lo cual sugiere que esa es la norma para los seres humanos. Asimismo, hay muchos estudios que han demostrado los beneficios cognitivos, sociales, políticos y financieros del bilingüismo. En Estados Unidos, sin embargo, escuchamos con regularidad historias respecto a gente que es atacada, humillada y, en ocasiones, lastimada con violencia por hablar otras lenguas o idiomas a pesar de que también habla inglés.

Este libro fue escrito para ser accesible y ofrece argumentos detallados sobre *por qué* y *cómo* debería el país aceptar y promover la diversidad lingüística. Las opciones para los adultos se explican de manera profesional, pero los autores desbordan su pasión y los detalles en la difusión de los programas educativos tempranos que tienen como objetivo que ningún niño continúe siendo monolingüe. No se me ocurre una mejor manera de cambiar la visión que tiene nuestro país de sí mismo, y pasar del «inglés exclusivamente» al «inglés y otras lenguas» para formar una sociedad más inclusiva.

Necesitamos un plan, y este libro no solamente delinea con claridad el territorio y las posibles trayectorias: también nos motiva a realizar el viaje.

—Kimberly J. Potowski. Ph.D.
Profesora del Departamento de Estudios Hispánicos e
Italianos de University of Illinois en Chicago

Prólogo

El surgimiento de nuevos estándares internacionales y el enfoque en la educación de ciencia, tecnología, ingeniería y matemáticas (Science, Technology, Engineering, and Mathematics, o STEM) están transformando todos los sectores educativos. No obstante, ahora que las escuelas enfocan su atención en incluir en su pedagogía capacidades globales y habilidades para el siglo XXI, se ha vuelto esencial volver a comprometer a los educadores y las comunidades escolares con los objetivos de la enseñanza de la lengua, el multilingüismo y la capacidad de lectoescritura en múltiples idiomas y lenguas, al mismo tiempo que se promueve la interconexión, la empatía y la comprensión mutua entre nuestros jóvenes. Tomando en cuenta todo esto, resulta importante entender el potencial de la educación multilingüe, ya que puede atender las expectativas de nuestras sociedades y ofrecerles a las nuevas generaciones las herramientas adecuadas para el éxito.

Este libro explora las muchas ventajas de la educación multilingüe y establece el escenario para un nuevo paradigma en nuestra forma de enseñar y aprender otras lenguas. También explora la problemática del déficit de las mismas en Estados Unidos y los cambios que necesitan llevarse a cabo en las escuelas para atender mejor a nuestros niños y a las comunidades lingüísticas. Asimismo, el libro aborda el crecimiento de la educación dual de lengua en los años recientes y la conexión entre la programación multilingüe y la resolución del problema de los idiomas y lenguas en Estados Unidos.

La discusión sobre este tipo de educación en nuestro país nunca ha sido neutral, las prioridades geopolíticas y de negocios han ejercido de forma habitual una presión importante en las políticas educativas de la lengua. No obstante, es necesario impulsar este debate para alcanzar una visión de la educación multilingüe como una práctica esencial para nuestra sociedad y como algo que debe prevalecer entre los legisladores de la educación.

En nuestra opinión, ha llegado el momento de cambiar el paradigma de la enseñanza de otros idiomas y lenguas para atender las urgentes necesidades de nuestros estudiantes y para equiparlos con las sólidas habilidades lingüísticas que requieren para navegar, tanto social como profesionalmente, en un mundo cada vez más abierto y competitivo.

Cambiar el paradigma implica crear ambientes escolares en los que los idiomas estén más presentes y sean enseñados en clase, pero que también se vivan fuera de las aulas; y en los que la práctica de las lenguas combine el disfrute y la eficiencia.

Cambiar el paradigma implica formar, primeramente en las escuelas, una cultura compartida de las lenguas y los idiomas. Esto se puede lograr aprovechando las habilidades de los maestros de todas las disciplinas y animando a todos los actores a compartir el regalo de las lenguas.

Cambiar el paradigma significa liberar las energías y estimular la creatividad de todos los actores de las comunidades lingüísticas, valorar sus ideas y prácticas, y desarrollar estrategias para una enseñanza y un aprendizaje exitosos.

Cambiar el paradigma significa inventar una manera estadounidense de trabajar que concilie nuestro legado lingüístico con la opción política del multilingüismo para nuestro futuro.

Lo anterior implica adoptar una estrategia más colectiva para apoyar a los maestros, ser mentor y compartir buenas prácticas. También es necesario proveerles información, asesoría y herramientas a las familias que tratan de establecer programas de enseñanza de idiomas en las escuelas o conservar su legado lingüístico. Esperamos que entre los lectores de este libro haya educadores, maestros de idiomas, directivos, miembros de consejos escolares, directores de programas, académicos, legisladores y padres deseosos de combinar su fuerza para la construcción del futuro de la educación, y de invertir en el capital multilingüe de nuestro país.

Fabrice Jaumont y Kathleen Stein-Smith
Nueva York, Nueva York
Octubre 15 de 2018

Capítulo 1

Al considerar las lenguas y los idiomas en el contexto del contacto en este globalizado e interconectado mundo, es importante reflexionar respecto al significado de la lengua en el desarrollo de nuestra visión mundial y de los valores como ciudadanos, y decidir qué es preferible: ¿un mundo multilingüe o un mundo con una sola *lingua franca*? De esta reflexión y de esta decisión inicial surgen, para los individuos, las organizaciones, las instituciones y el gobierno, muchas opciones que tienen un impacto en las prácticas educativas, sociales y culturales. Todo depende del futuro que concibamos.

Para propiciar un cambio de paradigma en medio de la actual falta de interés en el aprendizaje de otros idiomas y lenguas en Estados Unidos, y para disminuir la desigualdad con base en o relacionada con la lengua, es necesaria una defensa de que tenga como cimiento la asociación colaborativa de educadores, negocios, gobierno y padres.

Si decidimos inclinarnos por el multilingüismo, y si queremos asegurarnos de contar con un programa educativo sostenible, durante el planeamiento se deberá solicitar la participación de todos los interesados, incluso los padres. El siguiente paso es considerar qué estructuras organizativas necesitamos desarrollar para apoyar al programa. Las familias y los individuos han tomado decisiones personales respecto a conservar y apoyar su legado lingüístico, y/o respecto a aprender más lenguas o idiomas. Las comunidades han decidido si desean, o no, desarrollar e implementar programas bilingües de inmersión o programas duales de lengua; o incluso si quieren ofrecer uno o más idiomas como parte de los . Si se decide estimular el aprendizaje de otras lenguas, será fundamental tomar en cuenta el suministro de maestros calificados, libros adecuados y otros materiales indispensables para implementar y mantener la iniciativa. Tal vez también sea necesario pensar en las opciones de financiamiento interno y externo para llevar a cabo cualquier preparación de profesores y desarrollo de programas de estudio que sea necesario.

Todos los cambios de paradigma vienen acompañados de dificultades que deben se deben superar antes de que el cambio se reproduzca a gran escala. Las dificultades centrales son el financiamiento y los presupuestos escolares. El acceso a materiales en la lengua o idioma meta es uno de los problemas con el que los educadores se topan con más frecuencia. La escasez y el costo de los materiales son un obstáculo importante, en particular para las escuelas que no cuentan con recursos suficientes. Para superar estos obstáculos se requiere de una colaboración sólida entre los directivos escolares y las fundaciones y asociaciones que estén en posición de realizar contribuciones mayores. El éxito de muchas secciones bilingües depende del apoyo continuo de asociaciones de este tipo.

Otro desafío igual de importante es el reclutamiento de maestros multilingües. Las leyes que regulan las condiciones para dar clases en una escuela en nuestro país, varían de un estado a otro, y esto tiene como consecuencia que el grupo de candidatos se reduzca significativamente. Con el establecimiento de una certificación a nivel nacional en lugar de estatal se podría combatir estas dificultades administrativas. Por otra parte, sólo un número reducido de maestros cuenta con la ciudadanía estadounidense o con un permiso de trabajo (*Green card*), y aunque las escuelas pueden otorgar distintos tipos de visas, estas siguen siendo temporales. Algunos estados permiten este proceso de otorgamiento de visas *sólo* si no hay un maestro estadounidense certificado que pueda realizar el mismo trabajo. Esto reduce significativamente las oportunidades para las escuelas que desean contratar a hablantes nativos de la lengua o idioma meta para generar un ambiente de mayor inmersión. Esta dificultad se ve exacerbada en las escuelas ubicadas en lugares remotos, más que en los grandes centros urbanos. Por suerte, hay una solución a largo plazo: cuando los estudiantes actualmente inscritos en algún programa bilingüe terminen su educación y lleguen a ser maestros, tendrán la posibilidad de convertirse en educadores bilingües certificados, calificados y competentes.

Aunque muchos individuos y grupos a menudo consideran que su lengua es parte de su identidad personal y cultural, y aunque los lingüistas consideran que las lenguas son un medio de comunicación y piensan en ellas en términos de su historia, su estructura y su relación con otros lenguajes, también es necesario considerar las habilidades lingüísticas desde la perspectiva de su papel como activos para los individuos, los trabajadores, los empleadores, los países y las organizaciones internacionales.

Las lenguas y los idiomas abren puertas y proveen oportunidades; y las habilidades lingüísticas empoderan desde en el contexto de la movilidad geográfica, la capacidad de comunicarse, el acceso a la información y la educación, y la posibilidad de interactuar de manera efectiva en el escenario mundial. En este mundo globalizado e interconectado, es necesario pensar en las lenguas y los idiomas como un medio de influencia y de poder blando, es decir: «la habilidad de motivar la colaboración y construir redes y relaciones» (Gray, 2017). Por si fuera poco, también se ha dicho que el aprendizaje de lenguas extranjeras aumenta la tolerancia (Thompson, 2016, World Economic Forum, 2017).

EL MULTILINGÜISMO COMO LA NORMA

Muchos estadounidenses consideran que el monolingüismo es el *status quo* permanente, en particular el hecho de hablar inglés de forma exclusiva. Esto, sin embargo, podría ser falso. Hay gente en todo el mundo que no solamente habla más de una lengua o idioma, también lo ha hecho a lo largo de la historia. De hecho, se estima que entre 40 % y 50 % de la población mundial habla más de una lengua, y muchas personas hablan varias. Una gran cantidad de gente considera que el inglés es la *lingua franca* de todo el mundo, pero en realidad sólo 25 % de la población mundial lo habla.

A pesar de lo anterior, relativamente pocos estadounidenses hablan otro idioma aparte del inglés. Se ha estimado que sólo entre 10 % y 25 % lo hace y, en su mayoría, se trata de inmigrantes recién llegados a Estados Unidos con sus hijos y otros familiares. Asimismo, sólo una minoría de estadounidenses estudia una lengua extranjera: menos del 20 % de los estudiantes de los grados incluidos en K-12 en el país (American Councils, 2017), y sólo 7.5 % de estudiantes de escuelas profesionales y universidades están inscritos en un curso en otra lengua que no sea el inglés (MLA, 2018). Si se toma en cuenta que más de sesenta millones de estadounidenses hablan en casa otra lengua aparte del inglés (Ryan, 2013), pero que relativamente pocos la hablan o la estudian, es evidente que en Estados Unidos hay una paradoja lingüística: somos una nación decididamente monolingüe que es, y siempre ha sido, una nación de inmigrantes.

Aunque históricamente ha habido muchas lenguas en Estados Unidos, en el siglo XX desaparecieron de las escuelas y de las organizaciones en gran medida. Aquí cabe señalar que, en general, las lenguas de los inmigrantes se pierden casi por completo para la tercera generación, y que la mayoría de los niños que llegan a Estados Unidos y no hablan inglés, pierden su lengua materna para la segunda generación. Los padres y los nietos ya no se pueden comunicar entre sí, y a veces, incluso los padres no pueden comunicase adecuadamente con sus hijos.

Precisamente estos padres se convencieron de los muchos beneficios que pueden tener para las distintas generaciones la preservación de sus respectivos legados cargados de los tesoros de la literatura, la cultura y la historia, y la conservación de un sentimiento de orgullo e identidad. Todos ellos comprenden que un flujo bilingüe contribuye con el desarrollo de una sociedad dinámica, rica y diversa. Sobre todo, comprenden que el multilingüismo es una historia familiar, una historia que tiene que ver con la preservación de la identidad, y que es tan poderosa que va más allá del aprendizaje del idioma mismo. En la sociedad actual, el inglés tiene el poder para aniquilar a lenguas que, además de ser de gran valor, transmiten la riqueza de otras culturas, historias y conocimiento. Con este poder lingüístico dominante vienen las fuerzas de la norteamericanización y de la asimilación que con frecuencia son llevadas a un extremo tal, que los niños terminan descubriendo por sí mismos el enorme peso del inglés en nuestro ambiente monolingüe, y como resultado, a veces llegan a ver su lengua materna de una forma negativa.

Para evitar que los estudiantes sucumban a esta presión, debemos enseñarles, a ellos, a sus padres, a las escuelas y a las comunidades, que ser bilingüe es lo mejor que les puede pasar. Aunque el aprendizaje de las lenguas es una preocupación mundial, el cambio en el paradigma comienza de una manera local en los vecindarios, las escuelas y las comunidades. El multilingüismo es de gran valor para todos, así que, entre más seamos capaces de comunicarnos con miembros de nuestra comunidad y de otras, más fuerte será la fibra de la sociedad. Si las autoridades escolares desarrollaran lineamientos más claros y mecanismos de apoyo, las iniciativas de este tipo podrían operar de una manera más efectiva, y eso maximizaría su oportunidad de tener éxito. Las dificultades, la resistencia y la perseverancia que aquí se describen, muestran que todo nuestro sistema educativo necesita ser renovado, y que las escuelas deben aceptar la idea del multilingüismo para por fin ser capaces de responder a la creciente demanda de la enseñanza de idiomas y lenguas.

En un mundo cada vez más globalizado e interconectado, en un mundo multilingüe, los estadounidenses monolingües podrían estar en desventaja en los aspectos profesional y personal, y también como ciudadanos del mundo. Por otra parte, si tuviéramos una mejor comprensión de otras lenguas y de nuestro propio legado multilingüe, nuestra sociedad estaría menos dividida.

En el contexto de Estados Unidos, el monolingüismo en inglés es un verdadero obstáculo para el desarrollo de la sociedad, la cual se está perdiendo de la enorme riqueza lingüística que representan sus ciudadanos. Mientras el mundo aprende inglés y se vuelve multilingüe, Estados Unidos se está rezagando. Es imperativo que en este país seamos capaces de leer, escribir y comunicarnos en más de una lengua. Si no logramos dejar atrás esta noción de autosuficiencia, nuestros niños serán quienes sufran porque no podrán aprovechar las ventajas personales, sociales, profesionales y académicas que podría ofrecerles el multilingüismo.

Saber varios idiomas y conocer distintas culturas les puede brindar a los estadounidenses estas ventajas. Las cohortes de los preparatorianos y universitarios deberían aterrizar en el mundo laboral listos para enfrentarse al mercado mundial. La educación multilingüe puede fomentar el respeto y la tolerancia, lo cual es urgente porque entender culturas distintas a la nuestra se ha vuelto esencial en la actualidad. Cada vez que los padres exigen este tipo de educación, el cambio de paradigma se pone en movimiento. La enseñanza de idiomas continúa mostrando resultados asombrosos, pero su desarrollo se ha visto limitado por una falta de movilización nacional respecto al multilingüismo. Necesitamos un cambio de paradigma para establecer el predominio de la educación multilingüe en este país y en el resto del mundo, para el beneficio de todos.

En los últimos quince años, las comunidades lingüísticas de muchas ciudades de Estados Unidos han iniciado y desarrollado docenas de programas bilingües en varios idiomas, y algunos de ellos han logrado transformar las escuelas y la educación de nuestros niños. En algunos casos en particular, han transformado los modelos de la enseñanza de lenguas en una solución viable y deseable para todas las familias, y les han traído muchos beneficios a las comunidades escolares en nuestro país y en otras partes del mundo. Dichos programas, sin embargo, son mucho más que solamente cursos de idiomas. Les permiten a los niños comprender mejor las culturas que los rodean, ya que les ofrecen intercambios culturales en el marco escolar. Los programas fortalecen y apoyan nuestro legado lingüístico, y promueven el valor de la diversidad cultural y lingüística en todas las sociedades del siglo XXI. Si analizamos el mundo globalizado en que vivimos en la actualidad, podemos darnos cuenta de que ya no es posible aferrarse a la idea de que con un solo idioma basta.

En cuanto el multilingüismo se convierta en la regla y deje de ser la excepción, será menos difícil encontrar candidatos calificados. Si se les da tiempo para crecer, los programas bilingües se transformarán en cursos sostenibles. Siguen surgiendo señales reconfortantes de que ahora los estadounidenses desean expandir sus horizontes, mirar más allá de los confines de su propio país, y reconocer la riqueza y la diversidad de su cultura actual. En buena parte debido a la inmigración, cada vez más es más común que los estadounidenses hablen en casa otra lengua o idioma además del inglés. Hablar más de un idioma con fluidez se está convirtiendo gradualmente en la norma, en particular en las ciudades grandes. Asimismo, el interés de los padres en el multilingüismo va en aumento a medida que descubren lo que la enseñanza temprana de otras lenguas les puede ofrecer a sus hijos. Los beneficios cognitivos, académicos, sociales, personales y profesionales, son innegables. El multilingüismo y la capacidad de lectoescritura en varias lenguas ahora se consideran una ventaja, no sólo por sus virtudes culturales, sino también porque son capaces de producir «ciudadanos del mundo». Sin duda, la enseñanza multilingüe debe ser accesible para todos los niños de Estados Unidos y el orbe.

En esta era cada vez más interconectada, miniaturizada y frágil, las escuelas de todo el mundo se están esforzando en ofrecerles a los jóvenes las habilidades y la sensibilidad que les permitirán convertirse en ciudadanos autónomos, comprometidos y productivos. La enseñanza de idiomas, el aprendizaje y la denominada «ventaja bilingüe» están resurgiendo en las escuelas grandes y pequeñas de todo Estados Unidos; y se ha vuelto claro que los padres y los maestros están en busca de un ideal de enseñanza o de aprendizaje en dos lenguas.

EL DÉFICIT DE LENGUA EN ESTADOS UNIDOS

El déficit de idiomas y lenguas en Estados Unidos es una paradoja que se vuelve todavía más evidente si comparamos la habilidad de los estadounidenses con la de los europeos, quienes de forma rutinaria estudian uno o más idiomas, y comienzan en grados relativamente más tempranos. Por otra parte, más de la mitad de los adultos trabajadores en nuestro país reporta tener la capacidad de conversar en otra lengua, y muchos pueden sostener una conversación en dos o más idiomas adicionales.

Si bien las habilidades lingüísticas de los europeos son impresionantes por sí mismas, se vuelven aún más contundentes cuando se les considera en el contexto del valor fundamental del multilingüismo de la Unión Europea, el cual opera en el sistema escolar con el objetivo del *plurilingüismo* o de alcanzar el dominio de una «lengua materna + 2».

El déficit de lengua en Estados Unidos ha sido materia de estudio de reportes de investigación, de audiencias del Congreso y de iniciativas de seguridad nacional, pero lo más importante es que ha formado parte de la conversación pública durante décadas. La conversación pública actual comenzó con la publicación en 1979 del reporte de la Comisión Presidencial *Strength through Wisdom*, al cual le precedió el reporte *The Tongue-Tied American* del senador Paul Simon, en 1980.

El interés en las habilidades en otros idiomas y lenguas aumentó brevemente cuando la especialización en Estudios internacionales/Mundiales se popularizó en las universidades como respuesta a la mundialización. No obstante, el porcentaje de estadounidenses que estudian otras lenguas, en especial en las escuelas profesionales y universidades, continúa disminuyendo.

Lejos de quedarse con los brazos cruzados, los maestros de idiomas, apoyados por los interesados en las lenguas en el marco de la educación internacional, las empresas y el gobierno, continúan en acción. Entre los numerosos reportes de investigación y las conferencias sobre el déficit de lenguas extranjeras en Estados Unidos, hay muchos que han abundado en la importancia del aprendizaje de las mismas: el reporte NAFSA de 2003; la iniciativa crucial de lenguas *Securing America's Future: Global Education for a Global Age*; el reporte CED de 2006, *Educational and Global Leadership: The Importance of International Studies and Foreign Language*; el reporte de 2007, *International Education and Foreign Languages: Keys to Securing America's Future*; el reporte de Language Flagship de 2009, *What Business Needs*; la conferencia de 2013, *Languages for All*; y los reportes más recientes de 2017, *America's Languages* de AMACAD; *Not Lost in Translation* de New American Economy; y la encuesta de inscripción de los grados de K-12 en lenguas extranjeras del American Council.

No obstante, el reporte de 2007 de la Modern Language Association (MLA) intitulado *Foreign Languages and Higher Education: New Structures for a Changed World*, es el que realmente les ha proveído un plan a los educadores de los grados del movimiento K-16, a los impulsores de los idiomas y las lenguas, a sus defensores en las distintas disciplinas, y a los interesados en el papel de los idiomas en los ámbitos de los negocios, el gobierno y las comunidades. Además de ser relativamente breve y estar escrito con claridad, este reporte es valioso por la fuerza de sus ideas y por la accesibilidad del lenguaje incluso para quienes no son especialistas. En el contexto de un mundo globalizado, este reporte señala, en primer lugar, que el objetivo del aprendizaje de otros idiomas y lenguas es el conocimiento translingüístico y transcultural; y luego convoca a la colaboración interdisciplinaria, a los planes de estudio preprofesionales, y a las asociaciones del movimiento K-16.

A pesar de lo anterior, cuando se celebró el décimo aniversario del reporte de la MLA en 2017, el consenso fue que su impacto era limitado, dado que el número de educadores que estaban enterados del reporte y de su llamado a la acción, era muchísimo mayor que el de quienes realmente estaban implementando en sus instituciones los objetivos delineados en el mismo.

Además de *Foreign Languages and Higher Education*, la MLA ha publicado su Encuesta de Inscripciones desde 1960, y en este tiempo las inscripciones en clases de otros idiomas por parte los estudiantes de escuelas profesionales y universidades en Estados Unidos, ha disminuido de 16 % a 7.5 %. De hecho, el reporte más reciente confirma que este decremento forma parte de una tendencia en curso.

En Estados Unidos, el aprendizaje de idiomas y lenguas se encuentra en una encrucijada. Nuestra «generalizada hostilidad al aprendizaje serio de lenguas extranjeras, se ha vuelto legendario» (Stearns, 8). Si no enfrentamos de manera efectiva este déficit en Estados Unidos, nuestros jóvenes corren el riesgo de ser marginados e incluso de quedarse rezagados en este globalizado e interconectado mundo multilingüe.

Para enfrentar con eficacia el déficit, es necesario que tomemos inspiración de nuestro pasado y presente, y que desarrollemos una infraestructura para el aprendizaje de idiomas en nuestro país. Es esencial que se produzca una asociación estratégica entre los educadores de idiomas, los interesados y los defensores de las lenguas en los ámbitos de los negocios, el gobierno y las comunidades, pero en particular en estas últimas.

Si bien es cierto que compartimos el abarcador objetivo de fomentar las habilidades en otras lenguas, su aprendizaje es el ejemplo por excelencia de un esfuerzo mundial al que le hace falta el toque local. El conocimiento de idiomas es la aptitud mundial máxima pero, además de que las razones para aprenderlos son únicas para cada individuo y comunidad, el contexto comunitario y las fuentes disponibles varían a nivel local.

Si miramos el presente y el futuro cercano, la campaña a favor de las lenguas extranjeras debe tener como guía el objetivo compartido de la accesibilidad de su aprendizaje para todos los interesados. Una campaña exitosa deberá estar dirigida por los mejores individuos especializados en la teoría y la práctica de la gestión del cambio, la innovación, el *marketing* estratégico social, el *marketing* de causa, el cabildeo, e incluso en la estrategia océano azul (W. Chan Kim y Renée Mauborgne) y en el diseño de pensamiento. No obstante, como también es una campaña de raíces o comunitaria con metas y objetivos locales específicos, existe la oportunidad de que todos los defensores e impulsores de las lenguas jueguen un papel.

También es importante observar nuestro pasado para entender la perdurable importancia de los padres, las familias y las comunidades en la educación en general y en el aprendizaje de idiomas y lenguas en particular. A menudo se ha dicho y se ha escrito que «se necesita de un pueblo» para criar a los niños, y los idiomas, que forman parte de nuestra identidad cultural, son en buena medida parte de la fibra de nuestra familia, nuestros amigos y vecinos, y de las comunidades en general. En este punto de inflexión en el aprendizaje de lenguas en Estados Unidos, es más importante que nunca que nos acerquemos a los padres y a las comunidades, y que valoremos y respetemos su involucramiento en nuestra causa.

Mientras que los gobiernos y los departamentos de educación de todos los estados habitualmente han tenido una visión negativa del uso de las lenguas más allá del inglés en la educación de los jóvenes estadounidenses, hoy en día las familias de la clase media están involucradas en este paradigma. El cambio comienza en la base, con los padres que reconocen el valor del multilingüismo como parte de su identidad estadounidense. Esto es precisamente lo que hace que el cambio de paradigma sea tan bueno: nos recuerda que la educación multilingüe es una tradición norteamericana a pesar de estar rodeada de tensiones, controversias y desafíos, como lo mostraremos más adelante.

Este cambio de paradigma tiene un encuentro con la esperanza de una tradición de educación multilingüe que nos recuerda que todos los estadounidenses (de distintas identidades étnicas, clases sociales y países de origen) tienen prácticas lingüísticas y culturales diversas. En este cambio, los padres estadounidenses que tienen niños con una herencia lingüística imbuida de palabras en árabe, chino, inglés, francés, japonés, italiano, alemán, polaco, ruso y español, entienden la importancia de estas prácticas. De acuerdo con ellos, una educación bilingüe no es solamente una manera de volver a vincularse con el pasado, sino también de reconocer un presente estadounidense multilingüe y de forjar las posibilidades para un futuro más inclusivo para todos los niños.

Además del papel que juegan la lengua y los idiomas en el mundo globalizado, nuestras comunidades son cada vez más multilingües, y es por ello que las oportunidades cada vez más abundantes de que los niños aprendan nuestros idiomas y los de otros, fomentará el entendimiento y la armonía en nuestra sociedad estadounidense. El momento de actuar es ahora.

UN CAMBIO EN LA MANERA CONVENCIONAL EN LA QUE SE PIENSA RESPECTO A LOS IDIOMAS Y LAS LENGUAS

Idealmente, aprenderíamos los idiomas o las lenguas adicionales de una forma muy parecida a la manera en que adquirimos nuestra lengua materna: desde la primera infancia y a través de un aprendizaje empírico complementado por el aprendizaje del aula. Por desgracia, esa no es la manera en que usualmente aprendemos las lenguas adicionales o secundarias; más bien las adquirimos en una etapa más tardía de la vida y en el entorno de un salón de clases que no ofrece la oportunidad de desarrollar habilidades lingüísticas auténticas por medio de experiencias comunicativas y culturales legítimas.

La buena noticia es que el aprendizaje en el salón de clase ahora ofrece la oportunidad de que los estudiantes desarrollen su destreza en un segundo idioma o lengua con textos y medios auténticos, ya sea en persona o a través de los recursos en Internet. Los aprendices pueden desarrollar dominio en otros idiomas con material comprensible en el que se hace uso de una lengua auténtica que los empodera y les permite entender incluso más allá de su nivel específico de habilidades; con la técnica TPRS (Teaching Proficiency Through Reading and Storytelling, Enseñanza de la competencia por medio de la lectura y la narración de historias), la cual aprovecha el gusto nato por la narración con el objetivo de desarrollar habilidades lingüísticas; y a través de la inmersión o de una enseñanza de idiomas más tradicional.

Asimismo, la proliferación de recursos en Internet, incluyendo televisión, películas, noticias, etcétera, les permite a los aprendices y a los entusiastas de la lengua tener acceso en línea a contenidos gratuitos en su idioma meta, a través de servicios de suscripción como Netflix, reconocido por la gran cantidad de contenidos en lenguas extranjeras, y a aplicaciones para el aprendizaje de idiomas como Duolingo.

Una vez que se toma la decisión de aprender un idioma, el estudiante necesita decidir si le conviene más tomar clases o aprender por su cuenta, y si es más apropiado que use textos o materiales y recursos de Internet. También es importante señalar que estas opciones no se excluyen mutuamente. Una persona que aprende en un aula siempre tiene la libertad de mejorar su experiencia formal con un aprendizaje adicional en persona y por Internet. De manera similar, el aprendiz independiente y autodidacta cuenta con una cantidad incalculable de recursos disponibles en línea, entre ellos las aplicaciones, pero en cualquier momento puede decidirse por tomar una clase, comprar un libro de texto o pedir libros prestados en una biblioteca. Los empleadores que valoran las habilidades en otros idiomas y lenguas por razones de negocios, tienen la posibilidad de financiar el estudio de las mismas, ya sea reembolsando gastos de colegiaturas u ofreciendo clases en sus instalaciones.

Naturalmente, la decisión de aprender o no una lengua, de cuándo empezar y cómo hacerlo, es una cuestión sumamente personal. Cuando salen de su país para estudiar o cuando se les presenta una oportunidad laboral o de voluntariado en el extranjero, muchos universitarios lamentan su falta de conocimiento de otros idiomas. Sin embargo, también se enfrentan al gran desafío de administrar el tiempo que pasan en la escuela profesional, en cursos universitarios, trabajando o atendiendo otros compromisos. Para muchas personas, la escuela profesional y la universidad podría no ser el mejor momento para empezar a estudiar un idioma o para continuar haciéndolo, lo que nos hace reflexionar sobre la importancia de comenzar pronto para asegurarnos de que, para el momento de que lleguen a los estudios superiores, ya cuenten con el dominio de una o más lenguas y estén listos para involucrarse en un aprendizaje empírico y ofrecerse como voluntarios para vivir experiencias que podrían fortalecerlos en lo profesional y como ciudadanos del mundo.

Si retomamos el tema del aprendizaje de un idioma a través del trabajo realizado en un curso o de acuerdo con las necesidades de un aprendiz independiente y autónomo, con frecuencia vuelve a surgir la cuestión del costo porque los cursos y los libros de texto pueden representar un desafío financiero para muchos estudiantes, y porque, en comparación con otras materias, el costo de tiempo y de oportunidad de estudiar un idioma puede obligar a muchos a inclinarse por otras opciones al llegar al nivel superior o universitario. Una vez más, destaca claramente la importancia de empezar pronto y de dar continuidad al estudio de una lengua extranjera, ya sea en un programa tradicional o en uno de inmersión, para llegar a dominarla antes de la llegada de las obligaciones de la edad adulta.

Si un estudiante opta por estudiar un idioma, existen opciones en persona y por Internet, así como esquemas híbridos, y en cuanto al costo económico, aunque hay una gran variedad de precios, los colegios comunitarios suelen ofrecer el mayor valor. También está la posibilidad de estudiar en las escuelas particulares de idiomas que usualmente hacen énfasis en las habilidades comunicativas e instrumentales; o de realizar estudios tradicionales o estudios breves en el extranjero que impulsen el aprendizaje cultural.

Uno de los desafíos que enfrenta un aprendiz de cualquier idioma o lengua es encontrar tiempo, ya sea para llevar a cabo el trabajo que exige el curso y para estudiar para los exámenes de mitad de ciclo o para los finales; o, en el caso de los estudiantes independientes que aprenden de manera autodidacta, hacerse tiempo en medio de una agenda de por sí repleta. Resulta importante, sin embargo, recordar que si se designa cierto espacio para estudiar un idioma de manera constante, se puede avanzar incluso si se cuenta con poco tiempo. Lo más importante es que el estudiante se comprometa con la consistencia.

Si el estudiante elige el camino del aprendizaje autónomo y autodidacta, es necesario que desarrolle un programa personal de aprendizaje que incluya objetivos, materiales y cronogramas. Un maestro de idiomas, un bibliotecario o un entusiasta conocedor de las lenguas puede ayudarle a diseñar este programa personalizado. Entre los factores que se deben considerar al diseñar este plan, se encuentran el presupuesto, el tiempo disponible para las actividades de aprendizaje y las preferencias del aprendiz. Sin embargo, un programa equilibrado puede construirse con base en un libro de texto, en los materiales disponibles en los medios, en las aplicaciones y en las experiencias individuales de aprendizaje cultural, producto de los intereses personales. Los distintivos y los certificados que se pueden obtener en Internet, sumados a una comunidad local y a fuentes socioculturales externas como la Alianza Francesa, la Societa Dante Alighieri y otras, son tan sólo algunas de las opciones disponibles.

Gracias a la proliferación de auténtico material cultural y lingüístico en línea, el aprendizaje de idiomas es más posible que nunca antes, aunque también se ha tornado mucho más difícil debido a la intensa presión de la mundialización en los centros de trabajo. La buena noticia es que cualquiera puede aprender otro idioma incluso si sólo cuenta con un presupuesto modesto y tiempo limitado.

El factor más importante es la voluntad y la motivación de aprender una o más lenguas. Para cultivar esta motivación necesitamos aumentar entre los estudiantes y entre aquellas personas que ya pertenecen al mundo laboral, la conciencia respecto a las ventajas de contar con habilidades lingüísticas y conocimiento cultural tanto en el ámbito profesional como en el personal, y en nuestra vida como ciudadanos del mundo.

Resulta interesante recordar que una de las razones más populares que daban los estadounidenses para no estudiar o aprender otro idioma era que no les parecía necesario porque el inglés era la *lingua franca*. No obstante, la red mundial de la información, la educación, el entretenimiento y la comunicación, son sumamente multilingües, y evidentemente, los estadounidenses monolingües sólo tendrán acceso a una pequeña parte de esta red.

Uno de los principales usos de la lengua es la obtención de información, y a menudo, el Internet o «la red» es el primer lugar donde la gente busca datos sobre virtualmente todos los temas: personal, profesional o educativo. Sin embargo, no toda la información está disponible en inglés. Aunque este es el idioma que se habla con más frecuencia en Internet, y a pesar de que equivale a cerca de 30 % de su contenido, entre las diez lenguas más usadas también se encuentran los seis idiomas oficiales de las Naciones Unidas. Es por esto que, en general, todos vivimos el Internet y su aparentemente interminable contenido, desde la perspectiva de los idiomas que sabemos.

Quienes sólo hablan inglés podrían perderse de casi tres cuartos del Internet. Por otra parte, si hablas una lengua que sólo hablan unas cuantas personas que, además, están desperdigadas por el mundo, Internet puede convertirse en un maravilloso medio para fomentar la noción de una comunidad de los usuarios de dicha lengua.

También es importante tomar en cuenta los libros publicados en relación con los idiomas que se hablan. Desde la perspectiva de los ingresos económicos, Estados Unidos está a la cabeza, seguido de China, Alemania, Reino Unido y Francia; sin embargo, China lleva la delantera en lo referente a títulos publicados, y le siguen Estados Unidos, Reino Unido, Francia y Alemania. En cuanto a los periódicos, India está a la cabeza en todo el mundo, y la lectura de publicaciones impresas continúa aumentando.

Muchos estadounidenses creen que la mejor educación sólo la ofrecen las universidades del país que, por cierto, usan el inglés como medio de instrucción. Pero aunque las listas de las mejores universidades incluyen instituciones estadounidenses, británicas y canadienses, entre las cien universidades más importantes del mundo hay muchas de China, Japón, Corea del Sur, Francia, Alemania y otros países. También hay muchas oportunidades educativas igual de maravillosas para quienes hablan otros idiomas.

Otra de las cosas para las que se usa la lengua es el entretenimiento a través de películas, literatura y medios de transmisión radial. A pesar de que en muchos países se producen largometrajes, una abrumadora mayoría se realizan en las cinco naciones con mayor producción fílmica: India en primer lugar, y enseguida, Estados Unidos, China, Japón y Francia.

Hay casi tres mil millones de usuarios de redes sociales. Instagram es la que tiene el mayor número a nivel mundial, pero Facebook tiene la mayor cantidad al mes. Respecto a los usuarios activos en todo el planeta, Facebook está a la cabeza, seguido de YouTube, WhatsApp, Facebook Messenger, WeChat e Instagram. Y una vez más, los estadounidenses monolingües tal vez se estén perdiendo de oportunidades incontables para unirse a la conversación mundial.

Dependiendo de su misión y de sus miembros, las organizaciones internacionales tienen políticas específicas de lengua, así como idiomas oficiales. Aunque el idioma oficial de una organización internacional sea el inglés, sus reuniones, miembros, problemáticas e iniciativas podrían ser internacionales, y por lo tanto, los estadounidenses monolingües podrían quedarse fuera del circuito en lo referente a importantes conversaciones sociales y pláticas sobre las misiones laborales.

Como siempre, para desarrollar el necesario cambio de paradigma en el pensamiento convencional respecto a los idiomas y las lenguas, y en especial, respecto al papel único y a ese lugar especial que ocupan el español y el francés en la historia y la sociedad estadounidenses, es esencial usar la mejor teoría y las prácticas más efectivas para la gestión del cambio, la ciencia de la persuasión y la mercadotecnia social. Esto servirá para fortalecer la defensa del español y el francés como idiomas americanos por excelencia, y para presentar una estrategia tipo océano azul atractiva para los públicos y las comunidades que tal vez nunca han considerado el aprendizaje de idiomas y lenguas como parte de nuestra historia y nuestro legado, y como parte de la serie de habilidades profesionales y mundiales del siglo XXI. Si los estadounidenses desean tener un acceso completo a la información en Internet e impresa, a la educación, el entretenimiento, las redes sociales y la participación a nivel mundial, necesitarán contar con la habilidad mundial más necesaria: el multilingüismo.

A pesar de que el inglés está presente en todo el mundo, tres cuartas partes de la población del planeta no lo hablan, y buena parte de la comunicación relacionada con los objetivos y las misiones de trabajo, así como con la comunicación social, se lleva a cabo en otros idiomas, lo cual hace que sea más necesario que nunca que los estudiantes estadounidenses tengan la oportunidad de aprender una o más lenguas. Si los estadounidenses desean jugar un papel relevante y abordar de manera eficaz los problemas mundiales, necesitamos hablar los idiomas de otros y aprender a apreciar su cultura. Un sistema equitativo podría ofrecer esta oportunidad y darles acceso a todos, a través de nuestras escuelas públicas.

Capítulo 2

Según el diccionario Merriam-Webster, un activo se puede definir como «Un artículo de valor» o «algo útil», y las habilidades en lenguas extranjeras caben fácilmente en ambas categorías. Estas habilidades son un activo personal y cultural para los individuos, ya que permiten disfrutar más de los países y la literatura cuando se viaja, o incluso dentro de las comunidades locales. Dicho llanamente, hacen que la vida sea mucho más interesante de diversas maneras. Se estima que la mitad de la población mundial es bilingüe (Grosjean, 2010).

Las habilidades en lenguas extranjeras son un diferenciador en un currículum (Vanides, 2016) y un activo para los trabajadores. Asimismo, tienen una relación directa con salarios más altos y con un aumento en la posibilidad de ser contratado. En un escenario de igualdad en términos generales, el empleado que habla otros idiomas tiene menos probabilidad de ser despedido que un empleado monolingüe.

Estas habilidades son un activo para los negocios y para los empleadores, desde los comercios más pequeños con clientes y compradores multilingües, hasta las corporaciones multinacionales de mayores dimensiones. Los negocios pueden reclutar activamente a nuevos empleados con habilidades en otros idiomas y conocimiento cultural, llevar un registro de las competencias lingüísticas de cada uno para aprovecharlas cuando sea necesario, o incluso desarrollar estrategias y políticas respecto a la lengua.

El multilingüismo es un activo para las comunidades de todos los niveles, incluso para las naciones del mundo que, en muchos casos, tienen más de un idioma oficial. Canadá, Suiza, Bélgica y Luxemburgo son solamente algunos ejemplos. En 2017 Montreal fue nombrada la mejor ciudad del mundo para los estudiantes, y una de las razones que se dieron para esto fue ofrece la oportunidad de obtener un título universitario en dos lenguas mundiales: francés e inglés. La mundialización ha provocado que el contacto entre las lenguas sea más intenso que nunca antes. La Ciudad de Nueva York, por ejemplo, acoge a 800 lenguas (Lubin, 2017), y Londres es el hogar de más de 300 (BBC, 2014).

La Revolución Bilingüe de Nueva York incluye programas duales de lengua en inmersión, en docenas de idiomas que se ofrecen en las escuelas públicas de la ciudad, así como numerosos programas de legado lingüístico. Por cierto, tanto en la Ciudad de Nueva York como en San Francisco se realizaron recientemente Ferias de educación dual de lengua.

El multilingüismo es un valor fundamental, así como un activo para muchos organismos internacionales, entre los que se encuentran Naciones Unidas (ONU), la Unión Europea (UE), y el Comité Olímpico Internacional (COI). La Unión Europea y Naciones Unidas han optado por el multilingüismo; algunos países y organismos específicos adoptaron uno o más idiomas oficiales; y las corporaciones multinacionales a veces implementan estrategias lingüísticas (Neeley & Kaplan, 2014).

En julio de 2017, en sus comentarios para el reporte bienal sobre el multilingüismo, António Guterres, secretario general de Naciones Unidas, afirmó: «El multilingüismo me interesa profundamente, es un valor esencial de Naciones Unidas».

A través de las escuelas y del programa Erasmus para la realización de estudios en el extranjero a nivel universitario, la Unión Europea ha acogido y fomentado como un valor fundamental el multilingüismo, al que muchos se refieren como «lengua materna + 2». En la Unión Europea, más de la mitad (54 %) de los adultos reportan contar con la habilidad de hablar una lengua adicional; 25 % habla dos lenguas más; y 10 % habla más de dos lenguas adicionales (Eurobarometer 2012).

Con frecuencia, la pregunta que surge es cuál lengua aprender. Es una pregunta sencilla y a la vez compleja, ya que en realidad todo depende de las razones personales y profesionales. En la decisión final se toman en cuenta aspectos como la motivación personal, la localización geográfica y las necesidades profesionales. No obstante, hay un factor que con frecuencia se soslaya: el papel de las lenguas relacionadas. Es decir, si alguien aprende una lengua romance, germana o eslava, por ejemplo, será más sencillo adquirir otras lenguas de la misma familia.

OFERTA Y DEMANDA

La importancia de las habilidades en otros idiomas y lenguas en el ámbito laboral en Estados Unidos va en aumento, y la demanda de trabajadores bilingües se ha más que duplicado en los últimos cinco años. Las seis industrias principales para los empleados multilingües son: cuidado de la salud, hospitalidad y servicio a clientes, finanzas, aplicación de la ley, educación y servicios sociales (New American Economy, 2017).

Las empresas internacionales, la exportación e importación, y la inversión extranjera también le añaden significado a la capacidad de hablar varios idiomas en el ámbito laboral. En cualquier negocio u organización, siempre es mejor hablar el idioma del comprador, consumidor o cliente. Y como dice la cita atribuida a Willy Brandt: «Si te vendo, hablo tu idioma. Si compro, *dann müssen Sie Deutsch sprechen!*».

Aproximadamente once millones de empleos estadounidenses dependen de las exportaciones, y algunos de esos empleos requieren o mejoran si se habla otros idiomas (International Trade Administration, 2017). In 2017 los principales destinos de exportación para los productos y servicios estadounidenses eran Canadá, México, China, Japón y el Reino Unido, lo que hizo que el francés, el español, el chino y el japonés se convirtieran en idiomas con una relevancia en potencia (US Census, 2018).

Las empresas que les pertenecen a extranjeros emplean a siete millones de trabajadores estadounidenses y contribuyen con 900 000 millones de dólares al producto interno bruto. Nueva Jersey, Carolina del Sur y New Hampshire tienen el porcentaje más alto de fuerza laboral contratada por empresas propiedad de extranjeros (Bialik, 2017).

El turismo representa más de 10 % del producto interno bruto mundial (7.6 billones) y crea 292 millones de empleos, es decir, uno de cada diez a nivel mundial (WTTC, 2017). Naturalmente, muchos de estos empleos exigen habilidades en otros idiomas, u ofrecen mejores condiciones si el empleado cuenta con ellas. Asimismo, en el sector mundial de servicios de la lengua, equivalente a 45 000 millones de dólares, tres de las cinco agencias principales de servicios de idiomas tienen sus oficinas centrales en Estados Unidos, y generan una fuerte demanda de traductores, intérpretes y especialistas de localización. En Estados Unidos, 50 000 personas trabajan como traductores e intérpretes (Gala-Global, 2018), y se pronostica que entre 2016 y 2026 la demanda de traductores e intérpretes aumentará en 18 % o «mucho más rápido que el promedio» (*Occupational Outlook Handbook*, 2018).

Más de un millón de estudiantes internacionales asisten a universidades estadounidenses, provenientes principalmente de China, India, Corea del Sur, Arabia Saudita y Canadá, lo que hace que el chino, las lenguas indias, el coreano, el árabe y el francés sean útiles para ofrecer servicios estudiantiles y para lograr que los nuevos estudiantes se sientan bienvenidos. Asimismo, más de 300 000 jóvenes estadounidenses estudian en el extranjero. Los destinos principales son Reino Unido, Italia, España, Francia y Alemania, lo que hace que el italiano, el español, el francés y el alemán sean parte de la preparación para estudiar en el extranjero (Institute of International Education, 2017). Se estima que el impacto económico de los estudiantes internacionales asciende a una contribución de 36 900 millones de dólares, y a la creación de más de 450 000 empleos (NAFSA, s.f.). A pesar de lo anterior, en Estados Unidos hay una escasez generalizada de maestros de idiomas (USD DOE, 2017).

En contraste, el suministro de trabajadores estadounidenses con las habilidades necesarias en idiomas y lenguas, está disminuyendo, y los trabajadores en general no están dando los pasos necesarios para dominar otros idiomas. El valor percibido de las habilidades lingüísticas en el ámbito laboral también se ha demostrado en Reino Unido, donde solamente 34 % de los empleadores está satisfecho con el nivel de habilidades en idiomas, y en donde los idiomas de mayor demanda son el francés, el alemán y el español (CBI, 2017).

UN ACTIVO ECONÓMICO

De acuerdo con el Foro Mundial Económico, «la lengua es un componente esencial de la competitividad» (Chan, 2016). Las habilidades en idiomas y lenguas son un activo económico tanto para la carrera de un individuo, como para el crecimiento y la seguridad de las naciones. Los individuos pueden desempeñarse en carreras que requieran habilidades en idiomas o en las que estos sean una ventaja. Cabe señalar que las destrezas adicionales implican pensamiento crítico, escucha activa e incluso una capacidad creativa que con frecuencia forman parte de la experiencia del aprendizaje de otros idiomas.

En una encuesta realizada entre estudiantes de negocios internacionales a nivel licenciatura, se indagó sobre las ventajas competitivas producto de las habilidades en lenguas extranjeras y las competencias derivadas del conocimiento cultural, y los resultados fueron 82 % y 89 % respectivamente (Grosse, 2004). En un estudio previo se encontró que los factores económicos y de empleo jugaban un papel importante al seleccionar un idioma (Grosse, 1998).

Se estima que la industria mundial de los idiomas asciende a 40 000 millones de dólares. El índice de crecimiento proyectado es de entre 6.5 % y 7.5% anual, y más de 300 000 personas trabajan como traductores e intérpretes en todo el mundo. En Estados Unidos hay más de 3000 agencias de servicios de idiomas y más de 50 000 personas están empleadas como traductores e intérpretes. Asimismo, tres de los cinco proveedores de servicios más importantes del mundo en este industria, se ubican precisamente en nuestro país (Gala-Global, 2018).

Se prevé que entre 2016 y 2026 las oportunidades de empleo para los traductores y los intérpretes aumenten 18 % (mucho más rápido de lo común), y que las oportunidades de trabajo para los maestros de idiomas a nivel postsecundario aumenten entre 10 % y 14 % (mucho más rápido de lo común también) (*Occupational Outlook Handbook*, 2018).

Vale la pena señalar que, con frecuencia, seis de las lenguas oficiales de las Naciones Unidas ocupan los primeros lugares en las clasificaciones de idiomas. Bloomberg desarrolló una lista de las lenguas más útiles para los negocios internacionales y los tres primeros lugares los ocupan el inglés, el chino mandarín y el francés. (English, 2011). El Foro Económico Mundial ha desarrollado una clasificación llamada Power Language Index (Índice de Poder de las Lenguas) y, una vez más, los tres primeros lugares los ocupan el inglés, el chino mandarín y el francés. Asimismo, los seis primeros lugares los ocupan los seis idiomas oficiales de las Naciones Unidas: árabe, chino, español, inglés, francés y ruso (aquí en orden alfabético).

En su discusión sobre el reporte de 2017 *Not Lost in Translation: The Growing Demand For Foreign Language Skills in the Workplace*, McMunn (2017) afirma que la demanda de empleados bilingües y multilingües continúa aumentando en Estados Unidos y que los negocios de este país pierden casi 2000 millones de dólares al año debido a la falta de habilidades lingüísticas y de conocimiento cultural.

En un reporte previo (Language Flagship, 2009) se examina la importancia de las habilidades lingüísticas en el desarrollo y la conservación de un negocio nuevo, así como los riesgos de confiar demasiado en traductores, intérpretes y contratistas para compensar el desconocimiento de idiomas y la falta de habilidades culturales en el interior de la organización. Al describir la necesidad de intérpretes y traductores en Estados Unidos (Kurtz, 2013), se confirma la creciente necesidad de profesionales de servicios de la lengua en los sectores militar, de la aplicación de la ley, gubernamental y corporativo.

En el marco de una discusión respecto a las habilidades que se consideran más importantes en Google, un estudio de la empresa confirmó que son aquéllas relacionadas con la gente: la comunicación, la escucha efectiva, la disposición a entender diferentes perspectivas, la empatía hacia otros, el pensamiento crítico y la capacidad de hacer conexiones (Meaghan, 2018). Resulta interesante notar que, de forma rutinaria, estas habilidades se aprenden en las aulas de clases de idiomas y lenguas. En una descripción de los beneficios del multilingüismo en el trabajo, Kokemuller (2018) menciona que quienes cuentan con habilidades lingüísticas obtienen mejores salarios y tienen mayor flexibilidad laboral.

A pesar de que las habilidades lingüísticas se relacionan en general con mejores salarios, la oferta y la demanda pueden tener un impacto benéfico para idiomas específicos. Por ejemplo, Poppick (2014) cita investigaciones que confirman la demanda del idioma alemán en el ámbito laboral.

El valor de las habilidades lingüísticas en los negocios, sin embargo, no es un concepto nuevo. Cornick y Roberts-Gassler (1991) recomiendan que los estudiantes de contabilidad y negocios aprendan un segundo idioma, ya que de esa manera estarán preparados para los negocios internacionales y tendrán mayores oportunidades de empleo. Conner (2014) confirma que el monolingüismo estadounidense tiene un impacto negativo en el crecimiento económico del país debido a las oportunidades que se pierden en el mercado mundial, y mientras tanto, Reino Unido ha tomado medidas para incrementar las habilidades en lenguas extranjeras entre los actores de la fuerza laboral.

PERSPECTIVAS DESDE MÁS ALLÁ DE ESTADOS UNIDOS

Es necesario que haya un cambio de paradigma en la actitud respecto al aprendizaje de idiomas y lenguas, y que vaya más allá de Estados Unidos y del mundo anglófono en general. De acuerdo con un grupo parlamentario multipartidista enfocado en las lenguas modernas, Reino Unido pierde cerca de 50 000 millones de libras esterlinas al año en contratos debido a la carencia de este tipo de habilidades (Jolin, 2014).

Gracias a un estudio de investigación sobre los beneficios y los costos de la Estrategia Multilingüe Europea (European Multilingual Strategy o EMS) se descubrió que el aprendizaje tipo «Lengua materna + 2» aumenta la movilidad y la inclusión (Parlamento Europeo, 2016).

Grin, Sfreddo y Vaillancourt (2010) han examinado el multilingüismo en el ámbito laboral desde una perspectiva económica, y descubrieron que tanto en la sociedad y en el trabajo afectados por la mundialización, las habilidades lingüísticas incrementan el acceso a carreras más gratificantes.

En un estudio sobre los beneficios del multilingüismo en Quebec (Vaillancourt y Lemay, 2007), las investigaciones demostraron los beneficios del multilingüismo tanto para los anglófonos como para los francófonos, así como la impresionante forma en que los despachos francófonos se han apropiado de la economía de Quebec desde la aprobación de la Ley Oficial de lenguas de 1969 (Official Languages Act). Una revisión reciente de la literatura sobre los beneficios económicos del multilingüismo en Canadá confirma que este no solamente ha traído beneficios históricos sino también económicos y sociales, y que forma parte de la propuesta de valor de este país, la cual fortalece el éxito y la competitividad a nivel individual, organizativo, regional y nacional (Canadian Heritage/Patrimoine canadien, 2016).

Entre las destrezas de la fuerza laboral que contribuyen a la inversión extranjera, Euronews ha incluido las habilidades lingüísticas como uno de los factores del proceso de toma de decisiones. En su discusión sobre las razones por las que los individuos multilingües son mejores empleados, Hogan-Brun (2017) resalta el hecho de que las habilidades cognitivas de los bilingües también son valiosos atributos en el trabajo, e incluso describe el impacto que tiene la diversidad en la resolución creativa de problemas.

En una discusión respecto a los hallazgos del proyecto Born Global de la British Academy, Murray (2014) describe el impacto de la economía mundial en la necesidad de desarrollar una fuerza laboral con habilidades internacionales y lingüísticas, y señala la necesidad de contar con más destrezas prácticas y profesionales de lengua.

En un estudio sobre la manera en que las barreras lingüísticas y culturales afectan los negocios (Economist Intelligence Unit, 2012), se descubrió que actualmente las empresas están más conscientes de la importancia de operar internacionalmente, que comprenden el valor de las habilidades lingüísticas y del conocimiento cultural para la realización de colaboraciones más allá de las fronteras y, debido a esto, muchas organizaciones están contratando empleados con estas características. No obstante, todavía queda mucho por hacer. En un estudio que compara el desempeño de exportación de las PyME suecas, francesas y alemanas, Bel Habib (2011) encontró una relación entre el éxito en la exportación y el uso de una variedad de idiomas para el mercado.

El estudio ELAN (2007) demostró que 11 % de las PyME estaban perdiendo negocios debido a una falta de habilidades lingüísticas, y estableció un vínculo claro entre estas y el éxito en el sector de la exportación. En un estudio sobre habilidades lingüísticas en el sector empresarial de Irlanda (Forfás, 2005), se examinó el impacto de estas capacidades en la inversión extranjera y en el empleo en el sector de las empresas pertenecientes a extranjeros. Este estudio también menciona la pérdida potencial de oportunidades internacionales que enfrentan las empresas que carecen de empleados que hablen varios idiomas.

En su estudio de investigación sobre el valor del aprendizaje de idiomas, Schroedler (2018) explora la relación entre la falta de habilidades lingüísticas de Irlanda, la presencia de muchas corporaciones multinacionales (MNC, por sus siglas en inglés) en Irlanda, y el esfuerzo activo que realiza el país en busca de inversiones del extranjero. Al describir la importancia de los idiomas como un activo profesional, Hazelhurst (2010) confirma que Alemania y Francia/Bélgica se encuentran entre los socios de comercio más importantes de Reino Unido, lo que hace que el alemán y el francés sean invaluables en el campo de trabajo.

En otro estudio sobre los beneficios de las habilidades en idiomas y lenguas realizado en Turquía, Di Paolo y Tansel (2014) examinan esta capacidad como una especie de capital humano y exploran hasta qué punto son recompensados en el mercado laboral quienes la poseen. Por otra parte, los autores encontraron diferencias entre idiomas, profesiones y el nivel de capacidad lingüística. Williams (2011) exploró el uso de la lengua en el ámbito laboral en varios países y descubrió índices variables de recompensa correspondientes al alcance del turismo en cada país. La única excepción fue el Reino Unido, en donde el uso de idiomas adicionales en el trabajo no parecía afectar las ganancias de los empleados.

En conclusión, no resulta sorprendente que el gobierno indio haya promovido activamente la inclusión del hindi como una de las lenguas oficiales de Naciones Unidas y, de acuerdo a distintas fuentes, está preparado para gastar «hasta 4000 millones de rupias (63 000 0000 de dólares)» para lograr su cometido. Más allá del valor económico, las habilidades en idiomas se relacionan íntimamente con su influencia y su «poder blando».

El Negocio De La Lengua

En Estados Unidos las habilidades en lenguas extranjeras y el conocimiento cultural ofrecen un camino hacia muchas carreras en los ámbitos de la educación, el gobierno, los negocios, las instituciones culturales y las relaciones internacionales. Asimismo, estas habilidades se relacionan de manera general con la recepción de mayores ingresos.

Es sumamente importante que impulsemos y mantengamos un acceso igualitario a la enseñanza de lenguas extranjeras y al desarrollo de la destreza en los idiomas. Si los niños no pueden adquirir dichas habilidades en nuestras escuelas públicas, tampoco tendrán acceso a ellas en otros entornos debido a su contexto financiero, y esto podría generar situaciones en las que tajantemente «cuenten con» o «no cuenten con» en lo referente al aprendizaje, al multilingüismo y al conocimiento cultural.

Las dimensiones del sector de servicios de la lengua y del sector del aprendizaje de la misma sólo confirman el valor que se les ha asignado a este tipo de habilidades en todo el mundo. El sector de servicios está valorado en 45 000 millones de dólares a nivel mundial y emplea a más de 55 000 personas tan sólo en Estados Unidos. Asimismo, tres de las cinco empresas más importantes del mundo se localizan aquí. Las industrias de la localización y la traducción se encuentran entre las de mayor crecimiento en Estados Unidos, y la industria de la lengua representa una de las mejores áreas para echar a andar un nuevo negocio. Por otra parte, se prevé que la contratación de traductores e intérpretes en Estados Unidos aumente en 18 % entre 2016 y 2026, es decir, mucho más rápido de lo normal. Las habilidades en lenguas extranjeras y el conocimiento cultural también forman parte del talento mundial. Una encuesta reciente llevada a cabo entre empleadores, revela que 41 % les dan preferencia a los individuos multilingües que solicitan empleo.

El sector de la enseñanza de la lengua también es considerable. En 2017 Rosetta Stone generó ingresos por 185 000 millones de dólares, y se estima que, en ese mismo período, los ingresos de Berlitz ascendieron a 468 millones. Duolingo está valuado en 700 millones de dólares, y de manera general, se estima que las ganancias de las empresas de enseñanza de idiomas en Internet es de 4 000 millones de dólares.

La Mercantilización De La Enseñanza De Idiomas

Si nuestras escuelas públicas no proveen y apoyan la enseñanza de idiomas y las habilidades bilingües, los padres y los estudiantes que desean introducir el multilingüismo en sus comunidades tendrán que buscar otras alternativas. No obstante, independientemente de si el aprendiz asiste a clases tradicionales o en línea a través de una escuela de idiomas con fines de lucro, o de si aprende con un programa de Internet o una aplicación, es importante recordar que estos procesos involucran costos, y que estos sólo pueden evitarse si las destrezas fundamentales se adquieren en las escuelas públicas.

Se estima que para que un hablante del inglés aprenda chino —el idioma de mayor costo de adquisición en tiempo y dinero—, necesita invertir 66 035 libras esterlinas (87 220 dólares). Asimismo, se predice que entre 2017 y 2021 el mercado de la enseñanza de idiomas en línea a nivel mundial crecerá 19 %. Por otra parte, empresas en línea como Rosetta Stone compite con aplicaciones como Duolingo y con organizaciones como Berlitz. Además de formar parte de nuestro sistema educativo, la enseñanza de idiomas es un fuerte negocio en todo el mundo.

También es importante tomar en cuenta que muchas escuelas de idiomas con fines de lucro no hacen énfasis en el conocimiento cultural relacionado con la lengua, sino solamente en las habilidades lingüísticas y comunicativas. En este caso, incluso si el estudiante cuenta con medios económicos para tener acceso a este tipo de educación, esta no incluirá el componente cultural que normalmente forma parte de la enseñanza de idiomas en las escuelas públicas y en las universidades.

De hecho, esta situación implica una desigualdad doble, ya que priva a quienes no pueden pagar, de una valiosa habilidad personal y profesional, así como de los beneficios inherentes. De la misma manera, quienes sí pueden costear su aprendizaje de idiomas a través de organizaciones con fines de lucro, corren el riesgo de no tener acceso al conocimiento cultural que puede hacer más gratificante el aprendizaje del idioma meta en lo personal y en lo profesional.

Tanto el incremento salarial y el aumento de la probabilidad de contratación para quienes cuentan con habilidades en lenguas extranjeras, así como los costos en los que pueden incurrir los individuos si se ven forzados a aprender uno o más idiomas a través del sector con fines de lucro, prueban la necesidad y el valor de que este tipo de enseñanza forme parte del escolar desde el principio.

Idiomas, Influencia Y Poder Blando

Actualmente es posible viajar por el mundo y percatarse de las señales visibles de la cultura estadounidense y de su idioma, el inglés, en casi todas partes. Sin embargo, es más difícil determinar si ver una película estadounidense anunciada en una marquesina, escuchar una canción o ver a un joven local con una camiseta o una gorra de un equipo deportivo profesional de Estados Unidos, realmente son indicadores de entendimiento o apreciación de la cultura de este país. Recientemente, el hecho de que el presidente francés Emmanuel Macron hiciera uso del inglés en varios eventos públicos, le ganó tanto halagos como críticas.

La lengua es mucho más que una serie de reglas gramaticales y de múltiples listas de vocabulario. La lengua forma parte de nuestra identidad personal y cultural, y así como los individuos compiten en el mercado mundial, las naciones y sus lenguas compiten por el prestigio y la influencia.

En todo el mundo, la gente toma decisiones como la de si debería invertir tiempo, dinero y esfuerzo para aprender otro idioma, y si sí, cuál idioma y cómo aprenderlo. En este momento, el inglés y el francés son los idiomas más estudiados en el mundo. Al hacer una comparación entre las lenguas y su influencia, Bloomberg descubrió que el inglés, el chino mandarín y el francés son las más útiles para los negocios internacionales. De manera similar, el Foro Económico Mundial encontró que estos mismos idiomas, en este orden preciso, son los más poderosos del mundo, lo cual establece un vínculo adicional con el hecho de que forman parte de las lenguas oficiales de Naciones Unidas.

La Organización de las Naciones Unidas y las entidades respaldadas por el gobierno también trabajan para promover lenguas específicas. La ONU, por ejemplo, promueve el estudio de sus seis idiomas oficiales de la misma manera que la Alianza Francesa, la Societa Dante Alighieri, el Instituto Cervantes, el Instituto Goethe, el Instituto Camões y el Consejo Británico tratan de promover el francés, el italiano, el español, el alemán, el portugués y el inglés, respectivamente. Varios programas del gobierno de Estados Unidos promueven de forma activa el inglés, particularmente el State Department Bureau of Educational Affairs, que entre sus actividades describen: «promovemos el entendimiento mutuo».

La empresa de enseñanza English First, por su parte, cataloga países y regiones de acuerdo con las habilidades lingüísticas en inglés de su gente. Países Bajos, Suecia y Dinamarca ocupan los primeros tres lugares, en tanto que Panamá, Singapur y Arabia Saudita son los países con la mejoría más significativa. Cabe señalar también que, aunque los grupos mundiales de innovación están relacionados con la flexibilidad cultural y con las habilidades lingüísticas, la fuerza del poder blando radica en el hecho de que en todo el mundo hay gente interesada en la cultura y la lengua de otro país, y en que incluso tal vez quiera ir a estudiar, trabajar o vivir ahí.

En este momento Francia es el país líder en el poder blando y, de la misma manera en que ha sucedido en el pasado con otras lenguas como el latín o el español, el francés está ejerciendo influencia en todo el mundo, más allá de sus fronteras geográficas y del tamaño de su población.

A pesar de lo anterior, es importante tomar en cuenta los factores implicados en la adquisición y la conservación del poder blando y de la influencia. Aunque los aprendices de la lengua no necesariamente sean partidarios de las políticas actuales o estén al tanto de la problemática social de la cultura meta, el involucramiento e incluso el afecto por la historia o los valores de dicha cultura, podrían convertirse en un aspecto importante del proceso. Por ejemplo, la influencia de la cultura y la lengua italianas y francesas, traspasan sus fronteras. Resulta interesante destacar que en el sitio de la Organisation Internationale de la Francophonie se señala a la lengua francesa y los valores humanistas compartidos, como piedras angulares organizativas.

Lo anterior representa un desafío para todas aquellas culturas, y naciones-estado —con sus respectivas lenguas— que deseen jugar un papel internacional y ser protagonistas en la escena mundial. Aun cuando los partidarios de cierta cultura y su lengua no necesariamente apoyen todos los caprichos de sus relaciones y políticas internacionales, los valores de la cultura meta —de la forma en que se expresan en su literatura, arte, medios, valores sociales, estilo de vida, y en su manera de abordar las frecuentemente difíciles problemáticas contemporáneas— son esenciales para su desarrollo y para conservar la ayuda y la aceptación que le ofrecen otras culturas.

Por esta razón, además de apoyar proactivamente la cultura y la enseñanza de un idioma más allá de las fronteras nacionales, es importante que las naciones que deseen expandir su influencia cultural, lingüística y general, tengan cuidado con la forma en que los posibles admiradores, cercanos y lejanos, las perciben.

Tanto a nivel local como mundial, la verdadera influencia —es decir, la capacidad de lograr que la gente vea las cosas desde la perspectiva de uno—, es mucho más sutil y compleja de lo que podría parecer en primera instancia. Con frecuencia se dice que el inglés es la *lingua franca* mundial, y ciertamente es un idioma influyente y poderoso. Sin embargo, hay otras lenguas que continúan siendo útiles y deseables en lo referente al atractivo de la cultura meta y su influencia.

Para poder ganarse a una nueva generación, los estados-nación deseosos de desarrollar, expandir y mantener su influencia y su poder blando, necesitan estructurar sus campañas no solamente con base en la psicología de la influencia y en el poder de persuasión, sino también en la maximización de los mejores componentes de su legado y sus valores culturales.

EL MULTILINGÜISMO COMO UN BIEN PÚBLICO

Además de su papel como capital humano, el multilingüismo es un bien público que fomenta la buena voluntad entre diversos segmentos de la sociedad, y que también puede estimular la participación y el ejercicio de la ciudadanía a nivel mundial. En este sentido, la enseñanza de una lengua extranjera entra en el ámbito de los de las escuelas públicas de la misma manera que lo hacen otras materias que se considera que están relacionadas con el bien público. Si bien el inglés es el idioma más popular de estudio en el mundo, la industria de la enseñanza de lenguas ofrece un atisbo de la que podría ser la situación para los estadounidenses que, al darse cuenta de la necesidad de contar con otras habilidades lingüísticas, tengan que adquirirlas a un costo financiero bastante considerable.

Capítulo 3

Las habilidades lingüísticas y el conocimiento cultural ofrecen beneficios personales entre los que se incluyen varias ventajas cognitivas, culturales y profesionales. Asimismo, la diversidad, incluso la lingüística, beneficia a organizaciones, comunidades, ciudades y países. La Organización de las Naciones Unidas apoya el multilingüismo por los beneficios que ofrece a la comunidad mundial y por ser un valor intrínseco de la Unión Europea.

El multilingüismo también juega un papel importante en la innovación. Muchos de los países, regiones y ciudades más exitosos, son diversos en el aspecto lingüístico, y aunque este tipo de impacto se ha intensificado recientemente debido a la mundialización, a lo largo de toda la historia ha habido ejemplos del poder de la diversidad lingüística.

LA RELACIÓN ENTRE LA DIVERSIDAD, LA CREATIVIDAD Y LA INNOVACIÓN

Los lugares reconocidos por la innovación atraen la creatividad y las nuevas ideas de todas direcciones, y por ello logran conjugar distintas maneras de ver y de hacer las cosas. Esto, a su vez, fomenta el pensamiento divergente en lugar del linear, y el divergente es el pensamiento característico del ingenio. Las interacciones entre lenguas y culturas en la comunidad y en el ámbito laboral, dan como resultado una sinergia que aumenta la creatividad de los grupos.

Así como un equipo de trabajo se fortalece cuando cuenta con la perspectiva de más de una persona para resolver un problema, un grupo diverso puede desarrollar soluciones con base en visiones variadas, pero sobre todo, con base en la perspectiva de los integrantes de un equipo que, quizá, vean de manera distinta el mundo y los problemas por resolver de inmediato, debido a que lo miran a través de la lente de un idioma y cultura distintos.

Suiza, un país multilingüe, de 2017 a 2018 ocupó el primer lugar del Índice Mundial de Competitividad, seguido de Estados Unidos. El resto de las diez primeras posiciones lo ocuparon Singapur, Países Bajos, Alemania, la Región Administrativa Especial de Hong Kong, Suecia, Reino Unido, Japón y Finlandia. Sería sencillo dar por hecho que el multilingüismo de Suiza y Singapur no están relacionados con su competitividad mundial, pero la verdadera importancia del multilingüismo es subyacente.

En Estados Unidos, por ejemplo, más de sesenta millones de personas hablan en casa otra lengua aparte del inglés. Mientras tanto, Suecia, Singapur, Alemania y Finlandia están en los diez primeros lugares de la clasificación de English First Proficiency. En Reino Unido, más de cuatro millones de personas hablan en casa otro idioma además del inglés y, por otra parte, tanto el chino como el inglés son lenguas oficiales en Hong Kong y en Singapur. Quizá Japón sea el único caso aparte en lo referente al multilingüismo y la competitividad mundial. En cuanto a las economías más innovadoras, la lista la encabezan, una vez más, Suiza y Estados Unidos, seguidos de Israel, Finlandia, Alemania, Países Bajos, Suecia, Japón, Singapur y Dinamarca. Aunque muchos de los mismos países aparecen en la lista, es interesante destacar que Israel y Dinamarca, los recién llegados, cuentan con un alto grado de habilidad lingüística. Las siete ciudades más importantes a nivel mundial son Londres, Nueva York, París, Hong Kong, Tokio, Singapur y Seúl, y entre ellas, los únicos casos particulares en relación al multilingüismo, son Tokio y Seúl.

Aunque los equipos diversos y su capacidad para aplicar el pensamiento divergente son fundamentales en la competitividad y la innovación en el mundo, el desafío radica en maximizar las ventajas de dicha diversidad y, al mismo tiempo, en minimizar las desventajas potenciales a través del desarrollo de un ambiente de confianza y de aceptación de las perspectivas discrepantes.

DESARROLLO DE UNA SERIE
DE HABILIDADES MUNDIALES

Ahora más que nunca, la innovación y la creatividad son necesarias para poder abordar de manera eficaz las complejas problemáticas de nuestro planeta. La mundialización y el aumento en la movilidad han hecho que sea relativamente más sencillo reunir perspectivas diversas en cualquier comunidad, grande o pequeña, pero en especial, en las ciudades que son como imanes financieros y sociales para gente de todo el mundo.

Aunque es imposible predecir y asegurar la creatividad y la innovación, sí es factible desarrollar los tipos de comunidades y organizaciones en los que las interacciones de los distintos pensadores tengan como resultado un efecto sinérgico que impulse la innovación y la creatividad. También es posible fomentar el desarrollo de las habilidades lingüísticas y del conocimiento cultural si se anima a todos —los niños en las escuelas y los trabajadores en los centros laborales—, a observar los problemas desde varias perspectivas, o a través de lentes culturales y lingüísticas distintas. Al hacer esto podemos impulsar el pensamiento divergente y no linear, y facilitar la conversación entre gente de diferentes orígenes y con visiones que podrían aportar el elemento adicional necesario para forjar una mejor solución y para crear un camino hacia el futuro.

Si en verdad queremos que nuestros niños tengan todas las oportunidades necesarias para volverse adeptos a examinar los problemas y dificultades desde una perspectiva crítica y variada, tenemos que comenzar por las escuelas públicas locales, ya que estas necesitan contar con enseñanza de idiomas y lenguas desde los primeros grados. En el ambiente de aprendizaje que refleja esta sociedad cada vez más diversa, es posible expandir los horizontes de nuestros niños y prepararlos para enfrentar mejor los desafíos del presente y del futuro.

La movilidad en el mundo va en aumento. Los profesionales creativos y los estudiantes internacionales están eligiendo las comunidades y las organizaciones que les resultan más atractivas, y en las que saben que podrán prosperar y maximizar su potencial.

Para que nuestras ciudades sean las mejores y las más deslumbrantes, y para que puedan ofrecerles el mejor futuro posible a nuestras familias y comunidades locales, es necesario enfocarse en mundializarlas, y empezar desde las edades más tempranas a inculcarles a nuestros niños, a través de las escuelas públicas, los valores y toda la serie de habilidades del ciudadano y del profesional mundial.

Lo anterior implica educar a nuestros hijos respecto a otros idiomas, lenguas y culturas, y empoderarlos a través del multilingüismo para que maximicen su potencial en el ámbito laboral y en el mundo globalizado.

También implica trabajar en equipo más allá del aula para fortalecer el compromiso que tienen nuestras comunidades de desarrollar una atmósfera de hospitalidad, confianza y comprensión, y más allá de eso, impulsar el ambiente y estilo de vida social y cultural que no sólo le resultará atractivo al talento en movilidad, sino también a nuestros niños, quienes son y serán en el futuro, el corazón de la urbe mundial.

La gente siempre ha aprendido otros idiomas, y a menudo, el curso natural de las cosas la lleva a aprender mientras vive en una zona en la que su lengua materna no es la lengua local predominante. De cierta forma, esa gente está «inmersa» en la lengua meta: la escucha y la ve en todos lados a su alrededor.

La enseñanza en un entorno de inmersión es una adaptación, en la escuela o el salón de clases, de este curso natural de aprendizaje de la lengua, y se considera que es el método con más probabilidades de ofrecer un resultado de aprendizaje exitoso. Algunas investigaciones han demostrado que la actividad cerebral de los aprendices en inmersión se parece sobre todo a la del hablante cuya lengua materna es el idioma meta.

El aprendizaje de lengua en inmersión existe en muchos países. En ocasiones se le llama educación multilingüe o educación dual de lengua de dos vías. Este último término se emplea con mayor frecuencia en Estados Unidos. Para 2011 había 448 programas de inmersión en Estados Unidos y la mayor cantidad se encontraba en el estado de Utah. Los idiomas que se enseñan con mayor frecuencia son el español, el francés y el chino mandarín, que representan 42 %, 22 % y 13 % de los programas, respectivamente.

Los programas de inmersión varían de acuerdo con la edad que tienen los niños cuando se inscriben por primera vez, la cantidad de tiempo de enseñanza que se otorga a cada idioma, y el número de grados en los que la inmersión está disponible. Los programas también se catalogan de acuerdo con si ofrecen inmersión total, inmersión parcial, si son de dos vías (bidireccionales), o si son duales de inmersión. Y dependiendo de la edad o el grado en que comienza la inmersión, se les puede describir como programas de inmersión temprana, intermedia o tardía.

Una de las razones para implementar programas de inmersión es la necesidad de contar con habilidades bilingües en el ámbito laboral a nivel mundial y en la sociedad multilingüe en la que vivimos. Debido a que los aprendices de inmersión suelen tener mejores resultados escolares, los programas de este tipo pueden servir como un medio para fomentar los logros académicos. Asimismo, las destrezas culturales y los idiomas compartidos pueden unir a una comunidad, una ciudad o un país.

EJEMPLOS SELECTOS DE PROGRAMAS EM MODALIDAD DE INMERSIÓN

El programa Concordia Language Villages y el programa Middlebury College se encuentran entre los más conocidos en Estados Unidos. El primero lo instauró Concordia College y ha existido desde 1961. Ofrece experiencias de inmersión en la lengua para jóvenes, adultos y familias completas. Middlebury College, reconocido por su trabajo de inmersión desde hace más de cien años, también ofrece programas de verano para preparatorianos.

Tanto en el ámbito de la educación privada como el de la pública hay programas de inmersión, sin embargo, los programas de las escuelas públicas son accesibles para todos. Los siguientes ejemplos ofrecen una perspectiva respecto al rango de opciones disponibles en las escuelas públicas de Estados Unidos. En la Ciudad de Nueva York, por ejemplo, hay cerca de 180 programas en nueve idiomas (ahora doce). En Utah y en Portland, Oregón, aproximadamente 10 % de los estudiantes de escuelas primarias están inscritos en programas duales de lengua; y Carolina del Norte y Delaware se encuentran entre los estados que están tratando de incrementar la cantidad de dichos programas. También hay numerosos programas duales de inmersión de lengua (DLI por sus siglas en inglés) en las escuelas públicas de Georgia, los cuales incluyen los niveles de secundaria y preparatoria. Estos programas se ofrecen a través de la Iniciativa DLI del estado y se pueden tomar en español, francés, chino, alemán y japonés. En Luisiana, el Council for the Development of French in Louisiana (CODOFIL, Concejo para el Desarrollo del Francés en Luisiana), tiene veintiséis escuelas de inmersión en ocho distritos, en las que hay más de cien mil niños estudiando francés.

Utah ocupa el tercer lugar entre los estados con la mayor cantidad de programas DLI del país, y cuenta con cerca de 140 escuelas que en 2017 beneficiaron a 34 000 estudiantes. Aunque parezca extraño, los programas DLI de Utah —un estado que está geográficamente aislado de los principales centros económicos—, están creciendo a pesar de que su población no tiene una gran diversidad étnica o lingüística. La inmersión en otros idiomas se diseñó, implementó y sustentó gracias a la visión de figuras políticas que identificaron las necesidades de lengua del estado y su potencial para los negocios, la administración y la educación. En 2008, el Senado de Utah adoptó la International Education Initiative (Iniciativa Internacional de Educación), la cual les provee a las escuelas fondos para abrir vías bilingües en chino, francés y español. Tiempo después se añadieron el alemán y el portugués, y en los próximos años se planea incluir el árabe y el ruso.

La iniciativa multilingüe de Utah tiene un modelo de inmersión parcial en el que los estudiantes reciben la mitad de su educación en el idioma meta, y la otra mitad en inglés. Cada grupo tiene dos maestros: uno que sólo enseña en el idioma meta durante la primera mitad del día, y otro que enseña en inglés en la mitad restante. Casi todos los cursos comienzan desde el jardín de niños, pero en total son muy pocos. Una vez en preparatoria, la mayoría de los jóvenes se inscribe en cursos avanzados de idiomas, y toma los exámenes AP World Languages and Cultures al llegar al tercer año. Gracias a un sistema híbrido de enseñanza, desde que están en preparatoria pueden tomar los cursos a nivel superior que ofrecen seis de las universidades más importantes de Utah. Por otra parte, a los estudiantes de preparatoria también se les anima a aprender un tercer idioma.

Evidentemente, esta serie de opciones representa un paso importante en la evolución de la enseñanza de lenguas en Estados Unidos. El Condado de Fairfax, en Virginia, les ofrece a los grados de primaria, programas de idiomas del mundo en modalidad de inmersión de una vía, y programas duales, también en inmersión. Las escuelas públicas de Princeton, Nueva Jersey, ofrecen un programa modelo 50-50 en español, el cual inicia en el jardín de niños y continúa hasta el quinto grado. Minnetonka ofrece un ejemplo de inmersión en preparatoria a través del programa Seal of Biliteracy (Sello de conocimiento bilingüe de lectoescritura), y del International Baccalaureate (Bachillerato Internacional), los cuales se suman a las opciones de inmersión AP and Beyond.

Un reporte reciente sobre las escuelas públicas de Portland muestra que los estudiantes de DLI tuvieron mejor desempeño en los exámenes de lectura que los estudiantes que no participaron en programas de inmersión, y que los aprendices del idioma inglés alcanzaron el dominio del mismo en un porcentaje mayor. Entre los beneficios que enlista la iniciativa DLI de Georgia —parte de las iniciativas World Languages y Global/Workforce—, se incluye: segunda lengua y habilidades cognitivas; mejor desempeño en pruebas estandarizadas; competencia intercultural; beneficios a largo plazo en el trabajo; así como un índice más alto de asistencia y un índice más bajo de deserción que en el caso de los alumnos de programas regulares.

LOS RETOS QUE ENFRENTAN LOS PROGRAMAS EM MODALIDAD DE INMERSIÓN

Entre los retos que enfrenta la modalidad de inmersión podemos encontrar la implementación de nuevos programas; organización del diseño y estructura; creación de los ; obtención de materiales; y carencia de maestros calificados. También es posible que no se cuente con los recursos necesarios, y además, los alumnos podrían tener niveles variados de dominio en L1 y en L2. Asimismo, la terminología y la evaluación varían de un estado a otro, lo que dificulta hacer comparaciones y determinar cuáles son las políticas y las prácticas más eficaces.

La escasez de maestros calificados para programas de inmersión se debe, por una parte, a la disminución del número de carreras de idiomas en décadas recientes, y por otra, a la creciente popularidad de los programas de inmersión que reclutan a sus maestros en otros países. Aunque esto puede ser de ayuda, la falta de un suministro local consistente de maestros calificados hace que sea más difícil establecer un programa de inmersión sostenible. Además, también se necesitan más programas de entrenamiento dirigidos específicamente a los maestros de la modalidad de inmersión.

En los grados superiores suele presentarse una desaceleración de los logros en la adquisición de la segunda lengua porque los alumnos son más propensos a usar el inglés en lugar de la lengua de inmersión. Por otra parte, cabe señalar que quienes hablan inglés usualmente no avanzan más allá del nivel intermedio en su segundo idioma.

La falta de programas más allá de los grados de la primaria se debe, en parte, a la escasez de maestros que además de ser adecuados para el nivel preparatoria, también puedan enseñar en un segundo idioma; y a la falta de y de material para estudiar el idioma meta en ese nivel escolar. La carencia de todos estos recursos hace que desarrollar destrezas de dominio del idioma meta en el área de negocios y preprofesional, se vuelva un reto. Para garantizar la maximización del multilingüismo en el ámbito laboral a través de opciones interdisciplinarias de carrera, es necesario que haya más colaboraciones K-16.

LA INMERSIÓN FUNCIONA

La popularidad de los programas de inmersión está aumentando porque, sencillamente, sí funcionan. Además del beneficio de adquirir habilidades en un segundo idioma, también ofrecen destrezas culturales. Otro aspecto importante es que, además de los beneficios personales, cognitivos y sociales, estas habilidades lingüísticas y culturales ofrecen ventajas en el ámbito laboral.

También ofrecen oportunidades —en especial a través de los programas de las escuelas públicas—, ya que los estudiantes de la modalidad de inmersión suelen tener mejores resultados académicos en general. Entre los beneficios podemos encontrar las habilidades bilingües que desarrollan los hablantes del inglés, así como las oportunidades que surgen para que los hablantes de otros idiomas mejoren su destreza en esta lengua. Por todo esto, es fundamental que el acceso a los programas de inmersión sea igualitario.

La popularidad de la inmersión va en aumento, y eso se refleja en el desarrollo de programas nuevos y más amplios. Sin embargo, es esencial enfocarse en la creación de programas sostenibles por medio de un incremento en la preparación formal de maestros; del desarrollo de materiales y del para K-12; así como del aprendizaje a partir de mejores prácticas.

Lo más importante es que el énfasis en el conocimiento y las habilidades culturales que genera el aprendizaje de una lengua, puede fomentar una sociedad más armoniosa y más oportunidades para todos.

Capítulo 4

Relativamente pocos estadounidenses hablan un segundo idioma, y entre quienes lo hacen, se trata principalmente de un idioma que aprendieron en casa y que sólo usan ahí. Sin embargo, en este país hay varios asuntos de importancia para los maestros y los defensores de los idiomas, como el apoyo a los aprendices de lenguas heredadas y a sus habilidades; el impulso para que los hablantes del inglés emprendan el aprendizaje continuo de otros idiomas con el fin de dominarlos; y el desarrollo de habilidades lingüísticas entre quienes no hablan inglés.

Casi once millones de alumnos de las escuelas públicas K-12 están inscritos en una clase para aprender un segundo idioma, y casi millón y medio de alumnos de nivel superior y de universidades están inscritos en un curso de un idioma distinto del inglés (American Council, 2017; MLA, 2018). El aprendizaje de una lengua extranjera puede realizarse en un aula, por internet o en un entorno híbrido o mezclado; así como el aprendizaje en un salón de clase puede llevarse a cabo en un esquema tradicional o en la modalidad de inmersión.

Aunque en Estados Unidos hay una gran cantidad de gente que habla otro idioma y un número significativo de estudiantes inscritos en cursos de lenguas extranjeras, todavía hay mucho campo para extender la enseñanza de este tipo. Bastaría con que un pequeño porcentaje de quienes forman parte de uno o más grupos con legado ancestral estuviera interesado en aprender su lengua heredada. Desafortunadamente, la falta de acceso y los costos de tiempo, oportunidad e índole económica, siguen siendo barreras para el aprendizaje de idiomas.

Además de que un idioma es relevante porque forma parte de nuestra identidad cultural y nuestras comunidades, y de que es un activo profesional, las habilidades lingüísticas juegan un papel de peso en nuestra capacidad para interactuar con otros en este mundo globalizado. Debido a que no cuentan con este tipo de destrezas, los estadounidenses con frecuencia se encuentran en relativa desventaja cuando trabajan en un equipo o grupo trasnacional en el que los otros participantes son capaces de entender y hablar varios idiomas.

Incluso siendo estudiante, la decisión de emprender, o no, estudios en el extranjero, a menudo se ve limitada porque no se cuenta con habilidades lingüísticas. Aunque más de un millón de jóvenes de todo el mundo realizan estudios en Estados Unidos, sólo 300 000 de nuestros estudiantes salen a otros países, y más de 10 % elige el Reino Unido, un país donde también se habla inglés.

La Lengua Es Lo Que Nos Hace Humanos

De manera general, se considera que la lengua es la característica que define a los humanos, ya que no sólo nos permite comunicarnos, sino también registrar nuestras experiencias y aprender de nuestro propio pasado y de las vivencias de otros. Incluso hay un gen específico de la lengua que sólo se encuentra en los humanos. Aunque hay muchas razones para aprender otros idiomas, recordemos que esta es la característica que nos define y que, además de separarnos de las otras especies, nos diferencia de los otros humanos, ya que expresa y define lo que vemos y cómo lo hacemos.

Con frecuencia, los beneficios de las habilidades lingüísticas, del multilingüismo y de la capacidad lectoescritora en varios idiomas, se expresan en términos personales y profesionales, y como ventajas culturales, cognitivas y sociales. Todos estos méritos reflejan el papel de la lengua como parte de la experiencia y de la vida humana; y a su vez, esta vivencia compartida es lo que hace que aprender la lengua de otros cobre aun más importancia.

La lengua es una herramienta comunicativa y creativa. Es esencial para la comunicación, ya sea en una breve conversación social, en un debate formal, o a través de los medios noticiosos, la literatura o el arte. Debido a esto, nos ayuda a entender y apreciar las ideas de otros, así como a aprender del pasado. Es una herramienta creativa porque nos permite trabajar solos o en equipo para crear o desarrollar ideas, y porque también da paso a la expresión del ingenio en la literatura y las artes.

Aunque tenemos idiomas en común, el uso que cada persona hace de la lengua es único. Asimismo, los idiomas enfatizan áreas distintas de cualquier concepto o experiencia. Esta es precisamente la razón por la que deberíamos aprender otros idiomas: para entender mejor las palabras y las perspectivas de otros sin depender por completo de la traducción y la interpretación.

Leer literatura en el idioma original nos permite exponernos a la lengua auténtica y nos da acceso a las palabras exactas que eligió el autor, lo que con frecuencia también nos ofrece un atisbo a la cultura. En cambio, la traducción, independientemente de cuál sea, siempre involucra a un intermediario que es el traductor, e implica la interpretación que este haga de lo que quiso decir el autor.

El acceso a la gran literatura en el idioma original es uno de los maravillosos beneficios de aprender uno o más idiomas, sin embargo, también se pueden obtener beneficios similares gracias al acercamiento a la no-ficción y a la expresión oral en el cine, el teatro y otros medios, acercamiento que se produce cada vez que tenemos la oportunidad de escuchar el texto o guión original sin ningún intermediario, y de, quizá, capturar los matices que de otra manera se perderían en la traducción.

Conocer la lengua local es una ventaja definitiva cuando se llevan a cabo negocios en el extranjero. Si bien las reuniones oficiales tal vez se realicen en inglés o en el idioma oficial de la empresa, es probable que las interacciones sociales de todo encuentro de negocios sucedan en la lengua local, y en ese caso, la persona que sólo hable inglés terminará perdiéndose los detalles. El angloparlante no solamente se pierde los aspectos sociales del intercambio, sino también la oportunidad de construir esas relaciones personales que con frecuencia son las más importantes para el éxito en las negociaciones fuera de Estados Unidos. También es importante tomar en cuenta que aunque los estadounidenses que viven en otros países por razones de trabajo pueden arreglárselas porque hablan inglés en los centros laborales y sólo se pierden algunos matices de negocios y sociales, no hablar la lengua del lugar en el que se vive puede resultar difícil, en el mejor de los casos.

Es necesario recordar que cuando nos aseguran que todo mundo habla inglés, podríamos estarnos enfrentando a una suposición falaz. Una de las razones a las que se recurre con más frecuencia para justificar por qué los estadounidenses no hablan otros idiomas, es porque creen que todos hablan inglés. Pero aunque el inglés se habla y se estudia extensamente, no es la primera lengua más hablada en el mundo sino la tercera después del chino mandarín y del español. De hecho, de acuerdo con el Consejo Británico (2013), 75 % de la población mundial no habla inglés.

También vale la pena recordar que al estar en un país o región en el que el inglés no es la lengua oficial o predominante, el hecho de hablar un poco el idioma del lugar y desplegar cierto conocimiento de la cultura nos puede servir para mostrar respeto, y es un paso esencial para comunicarse a un nivel más o menos parejo con los socios de negocios, los vecinos y los amigos.

El equilibrio de poder entre los idiomas ha ido cambiando a lo largo de la historia, y así pasó del latín de la *Pax Romana* al inglés mundial. Sin embargo, lo importante es conservar la noción de que la historia de la lengua y de los idiomas está totalmente relacionada con la gente que los habla, así como con su papel en el mundo y en su era.

Para quienes vivimos en Estados Unidos es fundamental tener en mente que en los negocios necesitamos hablar la lengua del cliente o comprador. Y aún más importante: hay que recordar que aunque el inglés es solamente la tercera lengua más hablada y que nada más un cuarto de la población mundial lo habla; sólo uno de cada cuatro estadounidenses se siente capaz de sostener una conversación en otro idioma que no sea el inglés, y menos de 20 % de los estudiantes de las escuelas públicas K-12 estudian una lengua extranjera.

La discrepancia entre el valor que tienen los idiomas en el mundo y el que tienen en nuestro país, es demasiado grande para ignorarse porque estamos hablando de un lugar donde dos tercios de la población afirman tener por lo menos una línea ancestral extranjera y donde millones de personas hablan en casa otro idioma que no es el inglés, pero también donde el número de estadounidenses que hablan una o más lenguas adicionales y el número de niños y jóvenes que estudian una lengua extranjera, es mínim

Capítulo 5

Cualquier iniciativa que tenga como objetivo cambiar el paradigma de las actitudes respecto a las lenguas extranjeras y el estatus de la enseñanza de las mismas en Estados Unidos, tendrá que cimentarse y enmarcarse en la teoría y en las mejores prácticas posibles de la gestión del cambio, el *marketing* social y el *marketing* de causa, la psicología de la influencia y la innovación disruptiva, así como en los elementos de las campañas políticas comunitarias exitosas y la estrategia océano azul. Los elementos de una campaña así servirían para enfrentar eficazmente el déficit de lenguas extranjeras en Estados Unidos con base en un enfoque integrador y en la aceptación de todos los involucrados, quienes, a pesar de tener objetivos complementarios, comparten el sueño de fortalecer las habilidades en otros idiomas y lenguas en Estados Unidos.

GESTIÓN DEL CAMBIO

De acuerdo con John Kotter, el primero de los ocho pasos para la gestión del cambio consiste en contar con una «noción de urgencia» que, en el caso del aprendizaje de idiomas en nuestro país, está definitivamente garantizada. Los siete pasos restantes, son: formar una coalición de apoyo; desarrollar una visión y estrategias y tácticas asociadas; atraer a voluntarios; actuar; generar logros a corto plazo; mantener el impulso; e incorporar el cambio en la estructura organizativa. Para planear una campaña para la enseñanza de idiomas, es necesario aprender mucho de la teoría de la gestión del cambio respecto a cómo lograr la aceptación por parte de otros, y en especial, de cómo propiciar la «noción de urgencia».

EL *MARKETING* SOCIAL

No debemos confundir el *marketing* social con las redes sociales ni con el *marketing* en las mismas, aunque es cierto que en este tipo de estrategia se puede hacer uso de ellas como método, y de que tiene el objetivo de influir en el comportamiento de la gente en pos del bien público. Debido a que se trata de una campaña para el bien común, también necesita basarse en la teoría y en las mejores prácticas del *marketing* social. Es decir, debe adaptar dichas estrategias y tácticas, y aprovecharlas para beneficiar en mayor medida a la sociedad. En su libro *Social Marketing: Changing Behaviors for Good*, Kotler y Lee delinean el proceso de planeamiento del *marketing* social estratégico en diez pasos: el problema y el enfoque social; el análisis SWOT de la situación; los públicos meta; los objetivos de comportamiento y metas del objetivo; las barreras de la meta, la competencia y los otros individuos con influencia; una declaración de posicionamiento; estrategias mixtas de *marketing* (las cuatro P: producto, precio, plaza y promoción); monitoreo y evaluación; presupuesto; y planeamiento para la implementación y el mantenimiento de los comportamientos. Desde la perspectiva del *marketing* social, es imprescindible considerar la importancia de hacer llegar el mensaje a los grupos y las comunidades meta más susceptibles de beneficiarse del aprendizaje de otros idiomas y lenguas, pero que también enfrentan los obstáculos más grandes de oportunidad y de costo.

EL *MARKETING* DE CAUSA

El *marketing* de causa es una extensión de la responsabilidad social corporativa (CSR, por sus siglas en inglés), e implica tareas como realizar asociaciones corporativas; superar las dificultades inherentes a la identificación clara de objetivos; seleccionar un socio de causa; y desarrollar dicho vínculo (Rosica). A pesar de que la campaña para el fomento de la enseñanza de lenguas extranjeras es una labor de voluntarios, siempre hay costos, y el *marketing* de causa ofrece un camino para recolectar el tan necesario apoyo financiero apelando a las empresas del sector privado y a su trascendental responsabilidad social corporativa (CSR). Naturalmente, identificar a socios adecuados y aptos, y construir una relación sostenible con ellos, son prioridades absolutas.

LA PSICOLOGÍA DE LA INFLUENCIA Y LA CIENCIA DE LA PERSUASIÓN

La persuasión es la base de cualquier campaña exitosa. Las campañas necesitan apoyarse en la psicología de la influencia y en la ciencia de la persuasión y sus seis principios, según Robert Cialdini: reciprocidad, carencia, autoridad, consistencia, gusto y consenso. Independientemente de si se hace de forma personal o a través de Internet y de las redes sociales, es fundamental incorporar en el mensaje de la campaña los elementos de la psicología de la influencia y de la ciencia de la persuasión, así como establecer una relación positiva con los grupos de posibles aprendices de lenguas. Todo esto se deberá llevar a cabo con base en la experiencia común y en la similitud de los objetivos y las aspiraciones.

LA INNOVACIÓN DISRUPTIVA: UNA CAMPAÑA POLÍTICA COMUNITARIA

La innovación disruptiva es el proceso que Clayton Christensen describió como un enfoque horizontal, de la base hacia la cima, que podría pertenecer a una etapa incipiente de la enseñanza de lenguas extranjeras, capaz de formar estudiantes competentes en la preparatoria y, a la vez, de generar una disrupción en los escolares tradicionales de este tipo de enseñanza en las escuelas profesionales y universidades. Al poner la instrucción de otros idiomas a disposición de los estudiantes desde los primeros grados, y al proponerla en las escuelas públicas sin costo directo ni para los alumnos ni para sus familias, la campaña de defensa se convierte en un elemento potencialmente disruptivo para distintas instituciones: las escuelas privadas de élite que con frecuencia le han ofrecido esta ventaja a un pequeño porcentaje de estudiantes; las universidades que normalmente sólo ofrecen clases introductorias seguidas de cursos avanzados en letras y estudios literarios; y las escuelas particulares de idiomas que contribuyen a la mercantilización de las habilidades en la lengua. Como sucede en cualquier campaña política comunitaria, la campaña para el aprendizaje de lenguas extranjeras depende de hacer llegar el mensaje de manera directa y personal a las familias y a las comunidades a través de una comunicación genuina, así como de otros tipos de alcance más institucionales.

CAMPAÑAS POLÍTICAS COMUNITARIAS
QUE HAN TENIDO ÉXITO

Aunque su naturaleza es educativa, la campaña para el aprendizaje de idiomas y lenguas también es una campaña política comunitaria y, por lo tanto, necesita incorporar las estrategias y tácticas de los emprendimientos exitosos del mismo tipo. Es decir, necesita enfocarse en la gente más susceptible de apoyar la causa de forma activa; seleccionar a las personas que hablarán con la comunidad y que tienen más probabilidades de defender la noción del aprendizaje de lenguas; escuchar lo que tiene que decir la comunidad; concentrarse en la gente y no sólo en la tecnología; y medir y evaluar lo que en verdad causa un impacto.

EL PAPEL DE LA ESTRATEGIA OCÉANO AZUL

Tal como la describen Ki y Mauborgne, la estrategia océano azul enfatiza el desarrollo de nuevos mercados en lugar de enfocarse en la competencia. En el caso de una campaña para el aprendizaje de idiomas y lenguas, no es difícil considerar que las poblaciones desatendidas que incluyen a gente que ya forma parte de la fuerza laboral, pudieran convertirse en nuevos mercados tipo «océano azul». El principio subyacente de esta estrategia es la innovación que le brinda valor al comprador o consumidor (estudiante y comunidad) a través de la diferenciación de un producto o servicio que se ofrece a un costo menor. Los elementos clave de la estrategia océano azul incluyen la creación de un espacio de mercado sin oposición; la irrelevancia de la competencia; la creación y captura de nueva demanda; la destrucción del intercambio valor/costo y, principalmente, la alineación de todo el sistema de la organización con el objetivo de alcanzar la diferenciación y el bajo costo.

Kim y Mauborgne desarrollan aún más el concepto de esta estrategia describiendo los pasos reales necesarios y los tres componentes clave de lo que llaman «cambio océano azul»: la adopción de una perspectiva océano azul; la adquisición de herramientas prácticas para la generación de mercado; y el fomento de procesos y valores humanísticos.

No obstante, la clave del éxito en medio de un mundo altamente competitivo en el que las instituciones educativas enfrentan desafíos financieros y las disciplinas escolares a veces compiten por fondos limitados en un ambiente suma cero, es la propia estrategia océano azul. Esta estrategia fortalece el cambio de paradigma a favor de los idiomas a través de la búsqueda de mercados océano azul, es decir, los padres, las comunidades y los aprendices mismos que nunca han considerado realmente que las lenguas formen parte de las habilidades esenciales en un mercado y un mundo globalizados.

En lugar de competir contra otros departamentos para obtener recursos de por sí escasos, una campaña para el aprendizaje de idiomas impulsada por una estrategia océano azul puede generar demanda en un campo en el que nunca la ha habido. Asimismo, puede movilizar a los padres y a los líderes de la comunidad para que defiendan los idiomas en sus escuelas y distritos escolares; y ofrecer valor a través de un sendero que no sólo lleva al multilingüismo, sino también al éxito académico y profesional de los aprendices y las comunidades, y de las escuelas que desean diferenciarse en el aspecto cualitativo.

Figura 1. La campaña para el aprendizaje de idiomas y lenguas

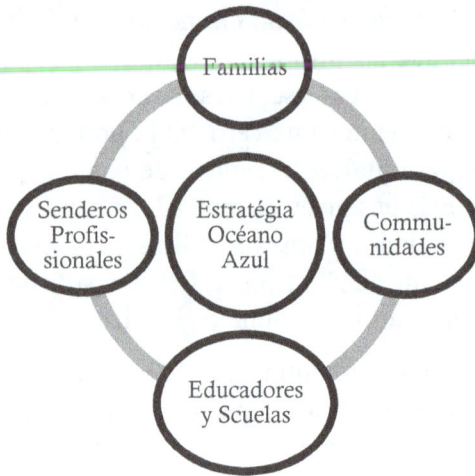

Figura 2. Estrategia océano azul — La campaña para el
aprendizaje de idiomas y lenguas

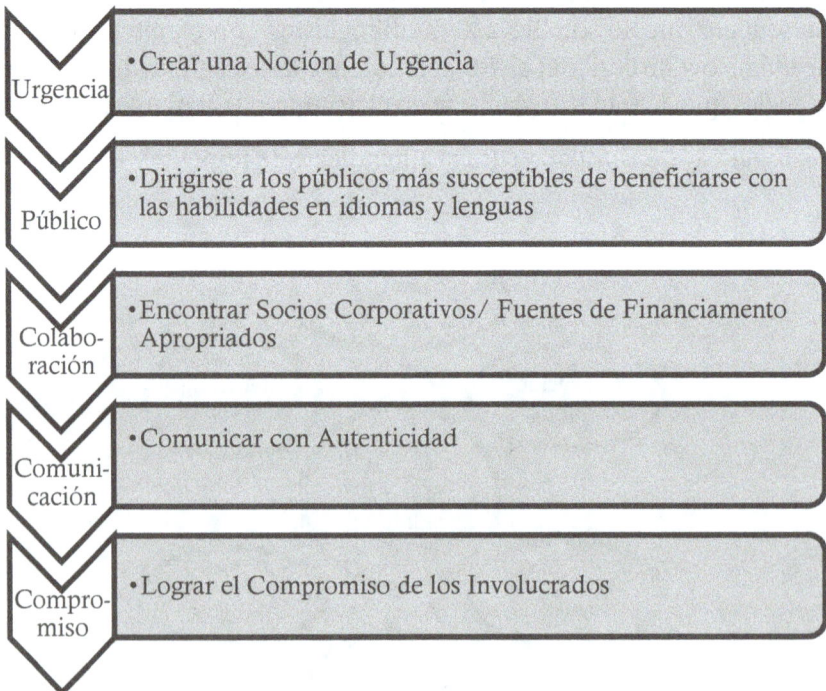

Figura 3. Pasos de acción océano azul para la defensa de los
idiomas y las lenguas

Si bien realizar un cambio de paradigma de esta magnitud nunca es fácil, es importante recordar que todos podemos ser agentes del cambio en nuestra familia, la comunidad, las escuelas y más allá. Todas las transformaciones comienzan con una persona, y hoy puede comenzar con cada uno de nosotros como padres bilingües y defensores de los idiomas y las lenguas.

La Campaña Para El Aprendizaje De Idiomas Y Lenguas

Como ya se mencionó, la defensa del aspecto empresarial en el aprendizaje de lenguas no sólo tiene que ver con los beneficios de los que podrían gozar los aprendices. Resulta igual de importante que los defensores adapten las teorías y las metodologías de negocios usadas en las empresas y en el gobierno, con el fin de desarrollar una campaña eficaz y estratégica.

Además de la gestión del cambio, el *marketing* social, el *marketing* de causa, la innovación disruptiva, la psicología de la influencia y la ciencia de la persuasión, pero sobre todo, de la estrategia océano azul, hay otros dos elementos que pueden ser considerados como herramientas para una campaña sólida: el cabildeo y el Six Sigma.

Cabildeo

Al cabildeo se le ha definido como «un intento para influir en los líderes empresariales y gubernamentales». Además de ser una tarea compleja en sí misma, el cabildeo parece complicarse aún más debido al hecho de que, sumados a los cabilderos registrados, hay muchos otros individuos que podrían desempeñar funciones similares, como los profesionales de asuntos gubernamentales y públicos, los publirrelacionistas, los consultores, e incluso los miembros de asociaciones profesionales y de comercio.

En un sentido más amplio, todos los que en nuestro papel como agentes del cambio apoyamos y defendemos una causa —en este caso la enseñanza de lenguas—, podemos considerarnos cabilderos ciudadanos. Es por ello que es útil analizar la manera en que los cabilderos profesionales y con licencia realizan esta labor que consiste en influir en los líderes empresariales y gubernamentales para que actúen y aprueben leyes que favorezcan alguna causa o idea en especial.

Aunque ya discutimos la naturaleza y la importancia de la psicología de la influencia y de la ciencia de la persuasión, necesarias para desarrollar una campaña efectiva a favor de las lenguas, el cabildeo nos ofrece una perspectiva pragmática en este proceso. Los cabilderos eficientes —entre ellos todas las personas que actuamos como agentes de cambio/cabilderos ciudadanos—, además de mantenernos enfocados en la idea principal o en el panorama general de lo que promovemos y defendemos en pos del bien mayor, debemos tener en mente los procedimientos prácticos. También es importante recordar que cabildear entre las organizaciones empresariales y los funcionarios del gobierno es solamente una parte de la misión de cualquier defensor eficaz, y que el eje de nuestra misión lo conforman las familias, las comunidades y el futuro de nuestros niños.

En un artículo reciente sobre los hábitos de los cabilderos eficientes se hace énfasis en la importancia de identificarse y presentarse con claridad; ser amable y profesional, tener un mensaje claro y conciso; convertir la misión en un asunto personal, transmitiendo la noción de que el aprendizaje de idiomas y lenguas es importante para todos a un nivel íntimo; ser precisos y veraces; estar preparados para trabajar con personal del gobierno y legislativo cuando sea difícil coincidir con la agenda de los funcionarios; estar preparados para llegar a acuerdos de ser necesario; estar dispuestos a entablar un diálogo de forma adecuada con funcionarios y empleados a través del Internet y las redes sociales; y agradecer a todas las personas que han ayudado y apoyado a la causa (Makarian).

Entre las cualidades que con más frecuencia se menciona que debe poseer un buen cabildero, están: conocimiento profundo de la materia en cuestión; conocimiento de los individuos y las organizaciones relevantes; conocimiento de los procesos y procedimientos legales; habilidad para las relaciones públicas; sensatez; destreza política; y excelentes habilidades de comunicación. No obstante, la paciencia y la capacidad de elegir el momento oportuno para hablar también son esenciales para una defensa y cabildeo eficaces (Lebov).

A pesar de que muchos grupos e individuos defienden la enseñanza de idiomas y lenguas, el Joint National Committee for Languages (JNCL-NCLIS) es el único grupo considerado como un organismo auténtico de cabildeo para la promoción de las lenguas extranjeras en Estados Unidos.

Entre los desafíos que implica la utilización del término «cabildear» en relación con la enseñanza de lenguas, podemos encontrar las connotaciones negativas provenientes de la prensa que vinculan el término con una falta de integridad y transparencia. No obstante, es posible decir que el cabildeo es capaz de generar una reforma y cambios positivos; reunir a distintos grupos; influir tanto en la opinión pública como en las políticas y las acciones del gobierno; y ofrecerles a los legisladores y a los responsables de las decisiones, información respecto a asuntos específicos. Si las corporaciones y las grandes empresas usan el cabildeo para alcanzar sus objetivos, entonces las buenas causas también pueden y deberían hacerlo.

Es necesario considerar el cabildeo desde la perspectiva de que puede generar un cambio positivo a través de una mayor concientización respecto a una causa o problema —en este caso, el aprendizaje de lenguas—, y proveerles información a los legisladores y los responsables de tomar decisiones. El cabildeo a favor de la causa del aprendizaje de idiomas y lenguas puede convertirse en parte esencial de las campañas.

Six Sigma y Lean Six Sigma

El término «Six Sigma» se utiliza con frecuencia para referirse al proceso de mejoramiento y de la gestión sustentada en la información, En nuestro caso, es importante considerar de qué manera se puede aprovechar esta estrategia para fortalecer la campaña por las lenguas. El valor esencial de Six Sigma radica en el desarrollo de un proceso que, en este caso, estaría enfocado en la enseñanza de otros idiomas. Para referirse a las herramientas de Six Sigma, la gente a menudo utiliza el acrónimo en inglés DMAIC, que en español sería DMAOC: definir, medir, analizar, optimizar y controlar. En el caso del aprendizaje de lenguas extranjeras en Estados Unidos, primero sería necesario definir el problema: la carencia de habilidades en lenguas extranjeras entre los estadounidenses angloparlantes. Una vez definido el problema, tendríamos que cuantificar y analizar dicho déficit para determinar las causas y los retos. Luego necesitaríamos desarrollar estrategias que respondan a la problemática y que optimicen el aprendizaje de lenguas extranjeras; y diseñar métricas para monitorear los avances.

La contribución principal de Six Sigma a la preocupación de cómo aumentar las habilidades en lenguas extranjeras radica en su énfasis en la resolución de problemas y el desarrollo de una estrategia, acciones que deberán realizarse antes de la implementación de cualquier táctica. En muchos casos, la defensa de las lenguas se sustenta en las tácticas y responde a las crisis conforme estas se presentan, en lugar de desarrollar una estrategia mesurable de largo plazo para la implementación de un cambio positivo.

Por otra parte, el término Lean Six Sigma también se utiliza para describir la combinación de los principios de la gestión eficiente o ajustada (*lean management*) y el proceso de mejoramiento Six Sigma. La contribución de la estrategia Lean Six Sigma que debemos considerar principalmente es su enfoque en la carencia de recursos, tanto financieros como humanos. En este caso, la carencia es visible en las campañas realizadas para la defensa de las lenguas extranjeras —cuyo financiamiento depende en gran medida de las contribuciones de los miembros mismos—, y en el hecho de que el personal en realidad lo conforman individuos, agentes del cambio voluntarios que también son maestros y educadores sumamente atareados. Por todas estas razones, cualquier estrategia que busque maximizar los rendimientos sobre la inversión de fondos económicos o sobre la inversión del tiempo y el esfuerzo personal de los involucrados, sería de gran beneficio para una campaña.

Por ejemplo, para la maximización del impacto que podría tener el escaso personal y la falta de recursos financieros que caracterizan a la campaña de defensa, resultaría muy útil y revelador comparar el impacto de una campaña en redes sociales, con la presencia de los defensores de la causa en las reuniones públicas de la Junta de Educación o del Consejo Administrativo donde se discute este tema. Aunque resulta tentador pensar que las redes sociales podrían tener un alcance más amplio con una inversión menor de tiempo y esfuerzo, o al contrario, que la presencia de los defensores y promotores en una reunión podría tener un impacto relevante, sólo los resultados y los datos podrían confirmar qué táctica ofrecería posiblemente mejores resultados.

LA DEFENSA ESTRATÉGICA DE LA ENSEÑANZA DE LENGUAS EXTRANJERAS

Hay muchísimos educadores de lenguas extranjeras realizando una maravillosa labor en sus escuelas y sus aulas, así como a través de una amplia gama de iniciativas de desarrollo profesional y promoción. Por si fuera poco, también hay promotores y defensores de la causa en nuestras familias y comunidades; en la iniciativa privada y entre los funcionarios públicos designados y los funcionarios que hemos elegido.

La defensa de las lenguas extranjeras es un asunto institucional y personal porque es una labor que realizan nuestras asociaciones profesionales y grupos afines, así como padres de familia e individuos interesados provenientes de todas las áreas, que creen en la importancia que tiene el aprendizaje de lenguas para el individuo y para la sociedad en general.

La carencia de habilidades en idiomas y lenguas en Estados Unidos tiene un impacto negativo en nuestra economía y en la seguridad nacional. Dicho lo anterior, cabe mencionar que, a pesar de que vivimos en un mundo cada vez más interconectado y de que Estados Unidos es cada vez más multilingüe, menos de 20 % de los estudiantes de las escuelas públicas K-12 están tomando cursos de otro idioma, y que en las escuelas superiores y universidades sólo 7.5 % de los alumnos se inscriben en una clase en un idioma diferente del inglés.

Entre los retos que pueden enfrentar la defensa de las lenguas extranjeras y sus promotores, a menudo encontramos frustrantes anuncios respecto a que algún programa sufrirá un recorte, o incluso, que será eliminado. Tomando en cuenta que estos anuncios suelen hacerse al final del año escolar/académico y a veces coinciden con el retiro o partida de un maestro respetado; y que el recorte o eliminación será efectivo a partir del siguiente año, en realidad hay muy poco tiempo para reaccionar para salvar al programa afectado y organizar una campaña con alguna posibilidad de éxito. Las cartas escritas o firmadas con premura al final de cursos tienen pocas probabilidades de lograr que el directivo que tomó la decisión cambie de parecer, e incluso podrían empeorar la situación del programa y del organizador mismo de la campaña.

DEFENSA ESTRATÉGICA DE LAS LENGUAS EXTRANJERAS

La estrategia para fortalecer, proteger y defender nuestros programas consiste en una defensa proactiva que comience el primer día y continúe de manera permanente aun cuando el programa sea sólido y exitoso. Este tipo de defensa tiene como objetivo desarrollar una red local de apoyo dentro de la escuela y la comunidad; y, con suerte, evitar cualquier posibilidad de recorte o eliminación.

Una estrategia continua de defensa proactiva puede y debe hacer uso de los métodos tradicionales y de los modernos —redes sociales en Internet—, y necesita dirigirse a los estudiantes, padres, alumnos y directivos escolares, así como a los socios actuales y los potenciales de la comunidad, y los pertenecientes a los comités locales y regionales. Sin duda, una estrategia efectiva destacaría los logros de los estudiantes y, al mismo tiempo, demostraría las ventajas personales, sociales y profesionales de contar con habilidades en lenguas extranjeras y con conocimientos culturales.

Otra de las dificultades es que a veces los estudiantes descubren que en verdad desean o necesitan aprender otro idioma sólo hasta que surge la oportunidad de estudiar en el extranjero o de hacer una pasantía, y entonces tienen muy poco tiempo para prepararse. Además, aunque suelen estar motivados para hacer del mundo un lugar mejor, rara vez cuentan con las habilidades de lengua y el conocimiento cultural necesarios para ser ciudadanos eficientes en este, nuestro mundo multilingüe.

La tercera problemática es que, aunque algunos defensores de las lenguas extranjeras apoyan este aprendizaje con un propósito específico, dudan en asociarse plenamente con una campaña amplia de tipo institucional, y prefieren una campaña enfocada en un nicho, y en una lengua, grado escolar, metodología u objetivo específicos.

Algunos defensores pueden preferir las campañas que se realizan exclusivamente en Internet y estar dispuestos a firmar peticiones en línea, en tanto que otros pueden privilegiar las reuniones y las discusiones en persona. Otros más pueden sentir que, debido a los compromisos familiares, laborales y de otros tipos, no tienen tiempo para participar activamente, y sin embargo, están dispuestos a donar a una causa o a votar por ella.

La buena noticia es que la defensa estratégica de las lenguas extranjeras como concepto se aleja de la noción «unitalla», y es más bien una coalición de base amplia que desea y necesita todo nuestro apoyo, ya sea como parte de una campaña organizativa financiada, o como activista comunitario, en Internet o en una ubicación física.

EL PLAN PARA LA DEFENSA ESTRATÉGICA DE LAS LENGUAS EXTRANJERAS

El desarrollo y la implementación de un plan para la defensa estratégica de las lenguas extranjeras deberían provenir de los intereses y las habilidades de los participantes, así como del tiempo, los recursos económicos y la tecnología disponibles. El primer paso consiste en «hacer ruido» respecto a los idiomas y las lenguas, y presentar su aprendizaje como algo *cool*, de moda y súper actual. Los métodos pueden incluir publicaciones en Internet y en redes sociales, así como programación en persona y eventos en los que se destaquen las ventajas de las habilidades de hablar otros idiomas y lenguas, y en los que se presenten celebridades (¡«celebridades» locales también!) y haya entretenimiento, alimentos y otros atractivos. En estos casos, sin embargo, es fundamental que los elementos específicos estén personalizados para atender las necesidades locales y al público meta.

Otro de los elementos para generar y mantener el «ruido» respecto a los idiomas y las lenguas es la diseminación selectiva de información entre los maestros y otros seguidores que tal vez no tengan tiempo suficiente para buscar de forma sistemática y regular estos datos tan importantes.

Además de realizar acciones de defensa y de compartir información, los educadores pueden trabajar en el marco de sus asociaciones profesionales para mostrar las habilidades en lenguas extrajeras y aprovechar todos los elementos existentes en la actualidad. Otra acción posible consiste en desarrollar programas locales, eventos y concursos para exhibir las habilidades de los estudiantes y buscar financiamiento externo. El aprendizaje experimental en la localidad, las oportunidades de ser voluntario y la exhibición de aprendices son otras maneras de mejorar la percepción de esta causa.

Aunque este paso no es difícil, el desafío radica en impulsar y mantener la motivación de la gente para que aprenda otro idioma en lugar de dedicar ese mismo tiempo y energía a desarrollar alguna otra habilidad. Generar y mantener el «ruido» es fundamental para promover el aprendizaje sostenido de las lenguas extranjeras.

ESTAR PRESENTE EN LA COMUNIDAD

Además de trabajar para generar ruido respecto a la enseñanza de lenguas, el defensor y estratega necesita estar presente y mantenerse activo en la institución educativa y en la comunidad local. Puede, por ejemplo, patrocinar eventos gratuitos e informales como mesas redondas en bibliotecas o centros comunitarios donde se reúnan los aprendices y los hablantes de lenguas de legado.

También es importante que el defensor y estratega establezca un diálogo con los directivos de educación locales y con los funcionarios públicos para que los mantenga informados de los emocionantes sucesos que se produzcan en los salones de clase. Aunque las reuniones en persona y las visitas a los salones son maravillosas, el boletín en línea es una alternativa excelente.

Lo más importante es que el defensor y estratega participe en asociaciones profesionales relacionadas con la enseñanza de lenguas extranjeras; que asuma papeles de liderazgo apropiados, y que tal vez escriba para publicaciones de investigación y profesionales, y se presente como orador en conferencias. El compromiso político, ya sea como votante, promotor o candidato, es otra forma de apoyar este tipo de educación.

Estar presente en la comunidad local y educativa puede servir para advertirles a los educadores y a las comunidades que se están considerando, discutiendo o incluso planeando recortes en los programas y posibles eliminaciones.

Cómo Reiniciar Los Programas En Peligro O Eliminados

Usualmente, para cuando te das cuenta de que tu programa está en peligro, es demasiado tarde. Si ya se tomó la decisión de recortar fondos o eliminarlo, es muy difícil cambiar la situación. Incluso si ya se puso sobre la mesa el recorte o la eliminación, quiere decir que hay cierto grado de apoyo para la idea entre los directivos y quienes toman las decisiones; y en este caso también es muy difícil hacer que la gente cambie «su opinión». Es mucho mejor actuar de forma estratégica y proactiva para evitar que se considere o se llegue a discutir cualquier recorte o eliminación.

Incluso cuando llega a ocurrir, es necesario «librar la buena batalla» y acercarse a los aliados actuales y a los aliados en potencia a nivel local, estatal, regional y nacional; así como recurrir a las redes sociales y a las peticiones en línea además de continuar con la defensa en persona. Independientemente de si logras salvar tu programa, estas acciones pueden servir como un freno para daños futuros.

Revivir un programa que ya fue eliminado es todavía más difícil. En especial porque muchas de las eliminaciones se llevan a cabo después del retiro o la partida de un educador respetable, y porque usualmente se alude al presupuesto como la razón para el recorte. A pesar de esto, es posible revivir un programa de manera gradual: con un maestro de medio tiempo; restableciéndolo como un programa menor, como parte de un curso doble o como un programa interdisciplinario en las escuelas superiores y en las universidades; como parte de un acuerdo de financiamiento compartido con otra institución; o como un programa por Internet que ni siquiera tiene por qué originarse localmente. Debido a que no existe certitud alguna de que será posible revivir un programa eliminado, los defensores de los idiomas y las lenguas necesitarán trabajar en equipo y continuar atentos a nuevas amenazas durante algún tiempo.

El Agente De Cambio Independiente

Todos los cambios de paradigma comienzan con una persona. Para el defensor y estratega de la enseñanza de idiomas y lenguas, fundar un nuevo programa es posiblemente el desafío más abrumador porque no existe una estructura previa, no hay un presupuesto, no hay historia ni red de simpatizantes, y quizá, ni siquiera se ha percibido la necesidad de un programa en una nueva lengua.

Sin embargo, no es imposible. Muchas decisiones educativas se toman localmente, es decir, en la escuela, en el distrito escolar, en la escuela superior o en el campus universitario. Un defensor y estratega convencido de la necesidad de un nuevo programa de lengua necesita formar una coalición comunitaria con seguidores que compartan su visión, y presentarles la propuesta a los directivos escolares y a los responsables de tomar decisiones. Para esto deberá recurrir a todas las estrategias y tácticas de una campaña efectiva y presentar un caso razonable basado en las investigaciones existentes respecto a los beneficios de la adquisición de idiomas y lenguas. Aquí es donde las «celebridades», los líderes comunitarios y los grupos que hablan la(s) lengua(s) meta pueden convertirse en valiosos aliados y defensores.

L'UNION FAIT LA FORCE
(LA UNION HACE LA FUERZA)

Sobre todas las cosas, es esencial que los educadores trabajen en equipo y que colaboren con otros representantes de la comunidad, el sector privado y el gobierno.

La defensa estratégica de la enseñanza de lenguas extranjeras abarca distintos idiomas, así como enfoques y metodologías diversos. No se le puede considerar una ecuación suma cero en la que un programa sólo puede ganar si otro pierde. Los educadores tradicionales y los de la modalidad de inmersión, los maestros de distintos idiomas y los maestros del movimiento K-16 necesitan luchar unidos porque *l'union fait la force !* (La unión hace la fuerza).

Capítulo 6

Los idiomas y las lenguas son interdisciplinarios en esencia. Debido a que son el componente clave de la comunicación, reflejan todo el espectro de la experiencia humana. La relevancia de esta interdisciplinaridad inherente y sus consecuencias en el aprendizaje, son inevitables.

Por definición, el educador de lenguas es un maestro de la cultura de quienes hablan la lengua meta y de todo lo que esto implica: la literatura, por supuesto, pero también la historia, el arte, la música, la política, el estilo de vida y mucho más. En una reflexión sobre el valor fundamental del multilingüismo de la Unión Europea, Michael Byram ha escrito ampliamente respecto al papel de las lenguas en la comunicación, la capacidad y la ciudadanía interculturales. Lies Sercu, por otra parte, ha escrito sobre el aprendizaje de las lenguas y ha descrito al maestro como un educador capaz de transmitir las competencias interculturales. En Estados Unidos, la Modern Language Association (MLA) realizó un reporte intitulado *Foreign Languages and Higher Education: New Structures for a Changed World*, el cual destaca la importancia de las competencias translingüísticas y transculturales, así como la relevancia del papel como líderes que tienen los educadores de lenguas extranjeras en las asociaciones colaborativas del movimiento K-16.

Existen muchas maneras de aprender otras lenguas: a partir de nuestras familias y comunidades, en los centros de trabajo, en las aulas o en un ambiente de aprendizaje virtual. Sin embargo, la mayoría de los estadounidenses que estudian otro idioma o lengua, lo hacen en un salón de clases, ya sea de forma presencial con el maestro, en línea o en una zona híbrida de aprendizaje. Más allá de esto, si a la pregunta de *cómo* aprender, la impulsa la de *por qué* estamos aprendiendo, podrían abrírsenos muchos caminos.

A menudo, el aprendizaje de una lengua o idioma se enfoca en la gramática y el vocabulario. Y aunque estos son esenciales, pueden carecer de la autenticidad y el contexto cultural y comunicativo que le imbuyen significado al proceso y que sostienen al aprendiz cuando este atraviesa los inevitables momentos de estancamiento que se presentan en el aprendizaje. Los documentos y los medios auténticos pueden ayudar a mantener la motivación, pero entonces surge la pregunta sobre cuáles documentos auténticos y para qué aprendices. En los grados y las etapas más tempranos del aprendizaje de una lengua, no es difícil visualizar los temas sociales, escolares y familiares que se les pueden ofrecer a todos o, al menos, a la mayoría de los aprendices. Sin embargo, a medida que los estudiantes avanzan y llegan a los últimos años de la preparatoria o de sus estudios universitarios, los intereses divergen aún más y, por lo tanto, los materiales auténticos basados en, o relacionados con las distintas disciplinas, se vuelven más importantes e incluso esenciales para mantener viva la motivación.

Un estudiante de negocios o de ciencias podría tener objetivos diferentes en la vida y en el aprendizaje de una lengua, que un estudiante de humanidades o ciencias sociales. Las experiencias y los materiales auténticos en el aprendizaje de idiomas necesitan reflejar estos intereses vocacionales, pero también los variados intereses personales de los jóvenes aprendices. Los contenidos de los cursos, las lecturas y las experiencias pueden ofrecer un camino hacia el aprendizaje en un contexto interdisciplinario. Asimismo, los estudios relacionados con problemáticas internacionales y regionales pueden involucrar lecturas, medios y experiencias en la lengua y la cultura meta. Por otra parte, estudiar en otra región o en el extranjero, puede complementar el aprendizaje en el aula y el aprendizaje por Internet. Sin embargo, es importante que, a diferencia de lo que sucede con el típico semestre o año de estudios en el extranjero, en este caso se ofrezca una variedad de plataformas para el aprendizaje en residencia —como experiencias de corto y mediano plazo—, y que esta se encuentre disponible para un grupo más amplio de estudiantes. Estas experiencias breves también pueden ser más específicas para coincidir con los intereses de los alumnos de una especialidad o disciplina específica.

Otra manera de lograr la interdisciplinariedad en la enseñanza de idiomas o lenguas, consiste en ofrecer carreras universitarias de doble grado (*double major*) que les permitan a los jóvenes estudiar un programa orientado hacia una profesión específica y, al mismo tiempo, continuar su aprendizaje de lengua extranjera gracias al segundo grado o *major*. Dos de las mejores opciones para la interdisciplinaridad son la coenseñanza de distintas disciplinas y las carreras en las que los cursos del primer grado o *major* incluyen un módulo adicional para estudiar los materiales en una segunda lengua.

El reporte de 2007 de la MLA intitulado *Foreign Languages and Higher Education* exaltó las competencias translingüísticas y transculturales, y las escuelas superiores y las universidades han respondido al llamado con la creación de oportunidades de aprendizaje interdisciplinario en lenguas extranjeras a través de las materias Languages for Specific Purposes (LSP, Idiomas para propósitos específicos) y Business Language Studies (BLS, Estudios de idiomas para negocios); así como a través de la promoción y el desarrollo activo de carreras de doble grado. Por si esto fuera poco, los programas preprofesionales y de área ahora ofrecen una vía para estudiar carreras en servicios de idiomas, relaciones internacionales, estudios mundiales e internacionales, y otros más.

EL DESAFÍO DE LA COMPETENCIA LINGÜÍSTICA

Aunque ciertos programas de los niveles de licenciatura y posgrado han tomado la iniciativa y propuesto opciones para la integración de las carreras entre las distintas disciplinas con estudios de lenguas extranjeras, e incluso con un segundo grado de especialización en uno o más idiomas, el verdadero desafío radica en la carencia de competencia lingüística entre muchos estudiantes universitarios a los que les gustaría tener lo necesario para hacer la diferencia como ciudadanos del mundo.

A pesar de que las universidades ofrecen una amplia gama de cursos de idiomas, el problema es que sus alumnos, por muchas razones —costo, presión por las otras clases de su carrera principal, etcétera—, no pueden empezar a estudiar otros idiomas ni continuar con los estudios de este tipo que iniciaron en la preparatoria.

El verdadero desafío radica en proveerle a la mayor cantidad posible de niños y adolescentes, la oportunidad de estudiar idiomas en los primeros grados para que cuando lleguen al campus universitario tengan las aptitudes necesarias para hacer lo que deseen con la lengua —trabajo de campo en otros países; negocios internacionales, etcétera— y lo más importante, para que puedan atender de forma eficaz las problemáticas mundiales en los espacios de trabajo y en este mundo multilingüe y multicultural.

LOS PASOS PARA SEGUIR AVANZANDO

Es fundamental que los educadores de idiomas y lenguas construyan relaciones en el interior de la comunidad para que defiendan y apoyen el aprendizaje de los mismos. De esta manera, y gracias a los programas tradicionales, los de lenguas de legado y los de inmersión, se fortalecerán las aptitudes e incluso la fluidez desde los primeros grados. También es importante ofrecer lo necesario para la producción de materiales auténticos para el aprendizaje y para el entrenamiento y desarrollo profesional de los maestros.

Principalmente, es necesario concientizar a la comunidad respecto a los beneficios y las ventajas de las aptitudes en lenguas extranjeras, y desplegar la mejor teoría y las prácticas más adecuadas de gestión de cambio y estrategia océano azul para aumentar las oportunidades en el aprendizaje.

MÉTODOS DE ENSEÑANZA DE IDIOMAS Y LENGUAS

La gente decide aprender otro idioma o lengua en distintas etapas de su vida y por muchas razones. Y como todos tienen intereses y estilos de aprendizaje diversos, la enseñanza nunca ha podido tener un enfoque «unitalla». Los métodos han cambiado y evolucionado con el paso del tiempo, reflejan las fluctuaciones de la vida moderna, así como las nuevas teorías lingüísticas y su desarrollo. Además, responden a las mejores prácticas. Buena parte de la enseñanza actual se basa en la noción de la lengua como medio de comunicación y como una expresión de la cultura, y se ha inspirado en los conceptos de las competencias translingüísticas y transculturales que se articulan en el reporte *Foreign Languages and Higher Education: New Structures for a Changed World* de la MLA.

Si un estudiante de posgrado aprende otro idioma para poder leer artículos académicos, sus necesidades lingüísticas son distintas a las de un empleado que lo aprende para hacer negocios con colegas o clientes internacionales. Si un estudiante aprende otra lengua por interés o para prepararse para realizar estudios en el extranjero, sus necesidades son distintas a las de uno que tiene que cumplir con un requisito para ser admitido en una escuela de nivel superior o para graduarse. Algunos aprendices querrán aprender la lengua a través de su gran literatura, mientras que otros preferirán libros de no-ficción, películas o música vocal. A algunos les gusta leer y escribir, y a otros hablar y escuchar. Hay quienes asimilan mejor los materiales si se sientan en silencio, y hay quienes prefieren aprender mientras realizan una actividad física de manera individual o colectiva. El mejor método de enseñanza siempre será el que cubra las necesidades y los deseos del aprendiz.

Aunque de manera tradicional los estudiantes han aprendido los idiomas en el aula, ahora tienen acceso a la tecnología y los medios en línea, así como a las redes sociales; y pueden aprender con estos recursos en un salón de clases típico o a través de un programa por Internet. La ventaja obvia es que el estudiante que vive lejos de la escuela o del campus universitario, o el que no puede viajar o estudiar por diversas razones, de todas maneras tiene acceso a una experiencia auténtica de la lengua y a hablantes nativos.

METODOLOGÍAS SELECTAS DE ENSEÑANZA

De manera general, los métodos de enseñanza se pueden basar en una teoría específica del aprendizaje de la lengua. Aunque con distinta terminología, los métodos tradicionales siempre han enfatizado la gramática, el vocabulario, la escritura, los ejercicios estructurados, la repetición, la conversión guiada y la traducción; y sus cursos usualmente se han basado en libros de texto. Debido a que en general se considera que la inmersión es la modalidad con las probabilidades más altas de ofrecer resultados positivos en el aprendizaje, en años recientes los educadores han empezado a incluir los métodos CLIL, CBI, TPR, TPRS, CI y otros que explicaremos a continuación. Estos métodos enfatizan la importancia de mantenerse lo más posible en la lengua meta para incrementar el dominio, así como el peso de las vivencias de aprendizaje naturales y auténticas que reflejan de la manera más fidedigna posible la experiencia vivida cuando aprendimos nuestra lengua materna. Lo más importante es que, una vez que se han tomado en cuenta los objetivos, los antecedentes lingüísticos y el estilo de asimilación y cognitivo de quien desea aprender, el método elegido sea el más adecuado para él o para ella.

Content and Language Integrated Learning o CLIL (Aprendizaje integrado de contenido y lengua), es un término que solemos relacionar con Europa, donde la lengua es un medio de instrucción en una clase temática en la que el énfasis se mantiene en la materia que se enseña porque el aprendiz tiene un interés particular en ella.

Content-Based Instruction o CBI (Enseñanza con base en contenidos), es similar al uso de L1 y L2 para distintas materias en un programa de inmersión en el que la lengua se usa como medio de instrucción para materias específicas. Con este método los estudiantes pueden aprender la lengua en una forma y entorno natural, y se aprovecha su interés en la materia para incrementar la motivación y los resultados.

Total Physical Response o TPR (Respuesta física total), es un método que aprovecha el movimiento y la actividad física para detonar el aprendizaje de la lengua.

Teaching Proficiency through Reading and Storytelling o TPRS (Enseñanza para el dominio a través de la lectura y la narración), se apoya en el método TPR, pero enseña términos y conceptos más complejos y abstractos que no se pueden aprender a través de TPR exclusivamente. Dicho de otra manera, al mismo tiempo que fortalece el pensamiento y la expresión de ideas a un nivel superior, también aprovecha la actividad física para expandir el concepto de la inclusión de aspectos como la escritura, la narración y otros.

Comprehensible Input (Aportación comprensible o CI) es un término que con frecuencia relacionamos con las teorías del lingüista Stephen Krashen. Este método se basa en la noción de que el aprendizaje de la lengua materna suele suceder cuando el niño entiende la mayor parte de lo que se dice, adivina o infiere el resto por medio de claves contextuales y otros elementos, y luego trata de reproducir esa experiencia en el aprendizaje de una segunda lengua o idioma, en donde el texto o la conversación se encuentran ligeramente por encima de su nivel para motivarlo a avanzar y alcanzar el dominio.

Lo más importante es que se elija el método adecuado para el aprendiz, y uno de los factores clave para ello es la edad. Los aprendices adultos que estudian otro idioma por razones diversas, se pueden acercar al aprendizaje de una manera distinta a la que lo hacen los niños. La andragogía —término que se usa para describir y explicar las necesidades de aprendizaje de los adultos—, nos revela que aunque los aprendices adultos suelen enfocarse en las metas y estar relativamente conscientes de sus habilidades en la lengua, lo común es que tengan menos tiempo para clases y para el estudio debido a sus compromisos familiares, laborales y de otros tipos. Desafortunadamente, también es posible que en la escuela hayan tenido ya una experiencia poco exitosa de aprendizaje de la lengua, y por eso es importante que el maestro tome todos estos factores en consideración cuando planee las clases y las tareas. También es esencial que mantenga alto el nivel de expectativas y que se esfuerce al máximo para que las sesiones sean disfrutables, interesantes y valiosas.

DESARROLLO DE MOTIVACIÓN SOSTENIBLE PARA EL APRENDIZAJE DE LA LENGUA

Por otra parte, aunque la metodología que use el educador o maestro de idiomas es relevante, también es necesario prestar atención al otro elemento de la ecuación, que es el aprendiz, y específicamente, a su motivación. Uno de los mayores problemas en Estados Unidos es la falta de motivación entre los angloparlantes para empezar o siquiera considerar la posibilidad de estudiar otro idioma. Asimismo, menos de 20 % de los estudiantes de los grados de K-12 de las escuelas públicas, y apenas poco más de 7 % de los alumnos de escuelas profesionales y de los universitarios, están realmente estudiando otra lengua o idioma. Aunque hay maestros perfectamente preparados para la enseñanza, y aunque en el salón recurren a una gama de metodologías pensadas con sumo cuidado, su profesionalismo y dedicación no están sirviendo para llegar a la mayoría de los estudiantes del país.

Si pensamos en el hecho de que un estudiante en verdad elija estudiar otro idioma, que persevere a lo largo del relativamente prolongado proceso de aprendizaje, y que tarde o temprano tenga éxito, es necesario aceptar que el elemento esencial que es la motivación, puede decaer en cuanto los angloparlantes se percaten de que su lengua materna es la *lingua franca* del mundo, y simplemente les parezca que no hay una razón de peso para estudiar otra.

Al hablar de la motivación para aprender una lengua o idioma, se puede recurrir a los términos «motivación instrumental» y «motivación integrativa». El primer término se refiere a la motivación que se basa en metas, como la de aprender un idioma para cubrir un requisito escolar u obtener un ascenso o un aumento en el trabajo. La motivación integrativa, en cambio, describe el aprendizaje como una extensión del interés personal de alguien por otra cultura y, naturalmente, es la que ofrece mayores probabilidades de éxito en el aprendizaje de la lengua.

Si Estados Unidos desea superar su déficit de lenguas extranjeras y disfrutar de los beneficios sociales, culturales, económicos y mundiales relacionados con el multilingüismo, y si queremos que aumente el número de estadounidenses que aprendan otras lenguas, entonces es necesario que desarrollemos y mantengamos la motivación integrativa.

Los padres, las comunidades, los defensores y los implicados en los idiomas y las lenguas necesitan trabajar para detonar el interés en otras culturas y en sus lenguas —motivación integrativa— desde la infancia, y apoyar a los educadores que aprovechan las metodologías y materiales educativos para que las nuevas generaciones lleguen a dominar sus idiomas de estudio. Sólo de esa manera nuestra sociedad se volverá verdaderamente bilingüe.

Capítulo 7

François Grosjean declaró: «Las personas bilingües son aquéllas que usan dos o más idiomas (o lenguas) en su vida diaria». En Estados Unidos, muchas personas bilingües han crecido hablando otra lengua en casa. Es por ello que muchos estadounidenses consideran que ser bilingüe en realidad significa hablar otro idioma a la perfección, sin acento, y con la fluidez que se habla la lengua materna. Sin embargo, esta podría no ser una definición precisa del bilingüismo, ya que hay gente que puede usar uno o más idiomas en el entorno laboral, en la escuela, en el hogar, en la comunidad, y cuando busca o consume noticias, información y entretenimiento a través de los medios impresos, en línea y de transmisión radial. Así pues, no se trata de una proposición de aprendizaje tajante.

Las personas bilingües pueden tener distintos grados de habilidad y fluidez en cada uno de los idiomas que hablen. Todo depende del momento y de la manera en que los aprendieron, así como del uso que les den. Por ejemplo, una persona bilingüe que aprendió un idioma ya siendo mayor y que lo utiliza principalmente de manera pasiva —lee y escucha—, puede tener un acento durante la conversación. En cambio, una persona que aprendió en el hogar cuando era niño, puede hablar el segundo idioma sin acento, pero tal vez no tenga habilidades técnicas o de negocios en él. Así como los individuos pueden usar su lengua materna de maneras distintas, las habilidades de las personas bilingües también varían.

Es importante que los aprendices estadounidenses de idiomas y lenguas, y quienes consideren la posibilidad de adquirirlos, entiendan que las metas son distintas dependiendo del uso que se les planee dar —ocasional o cotidiano; recreativo o laboral—, o si se prevé estudiar en el extranjero para obtener una licenciatura o un posgrado en una institución en la que la lengua meta también sea el medio de instrucción. Tener objetivos escalonados y realistas permite que el proceso de aprendizaje sea menos abrumador durante las etapas más difíciles y en los inevitables períodos de estancamiento. El concepto europeo del plurilingüismo es más cercano a esta noción debido a que tiene expectativas realistas y, por lo tanto, tal vez podría adaptarse para incluirlo en la conversación sobre el multilingüismo y el aprendizaje de lenguas e idiomas en Estados Unidos.

¿POR QUÉ ES IMPORTANTE EL MULTILINGÜISMO?

El multilingüismo tiene un impacto total sobre la persona, ya que le provee beneficios personales, culturales, profesionales y sociales. Entre los beneficios personales podemos incluir los de tipo cognitivo y académico. Se ha demostrado que el uso regular de más de una lengua o idioma puede prevenir la llegada de la demencia; mejorar la capacidad para la toma de decisiones y la resolución de problemas; y además, se le ha vinculado con la tolerancia y la creatividad, así como con la obtención de mejores calificaciones en exámenes y mejores resultados académicos.

Entre las ventajas culturales se encuentran la capacidad de disfrutar de literatura, películas y música vocal en el idioma original, y el acceso a noticias y medios de comunicación que podrían reflejar una perspectiva y una visión mundial distintas. El turismo ordinario se puede reemplazar con viajes culturales que nos abren la posibilidad de interactuar con los lugareños en la lengua local.

Como la lengua es una habilidad social y comunicativa, ser bilingüe también nos abre la puerta a interacciones con miembros de la comunidad local que tal vez se expresen con mayor facilidad en otra lengua, y si acaso nuestra segunda lengua es un legado cultural, nos ofrece acceso a un nivel completamente distinto de entendimiento de nuestros antecedentes familiares e identidad cultural.

El multilingüismo es importante en el entorno laboral por distintas razones. Puede ser porque el individuo busca emprender una carrera internacional, posiblemente como expatriado; porque trabaja para un grupo corporativo u organización multinacional; porque trabaja para una empresa u organización que tiene clientes o compradores fuera de Estados Unidos, o porque la comunidad local a la que atiende la empresa u organización en el país cuenta con un número importante de hablantes de otra lengua o idioma.

Entre las ventajas profesionales se encuentran la capacidad de comunicarse en la lengua local con los compañeros de trabajo o con los clientes/compradores; y en los casos en que la lengua oficial corporativa sea el inglés, se abre la posibilidad de participar en las conversaciones paralelas e interacciones sociales que posiblemente se realicen en la lengua local.

Los beneficios del multilingüismo también se extienden a las empresas y las organizaciones, ya que se ha comprobado que la diversidad da pie a una toma de decisiones más racional y a la capacidad de resolver problemas con mayor eficacia. Las empresas multinacionales saben de primera mano que la fluidez en diversos idiomas es fundamental para comunicarse con y entender a los gerentes, compradores y consumidores de todo el mundo. Pero para lograr esto, es esencial dominar varios idiomas.

Debido a que Estados Unidos es, y siempre ha sido, un país multilingüe y multicultural, y a que el entendimiento y la aceptación de las otras culturas es piedra angular de su historia, los beneficios sociales de hablar varios idiomas pueden apreciarse a nivel local, nacional y mundial. La capacidad de comunicarse y de entender a otros grupos lingüísticos y culturales sólo puede traer como resultado una sociedad más armoniosa.

Más allá de los beneficios locales y nacionales, conocer otros idiomas y culturas permite la comprensión internacional y el ejercicio de una ciudadanía mundial. La discusión, la toma de decisiones y la resolución de complejas situaciones internacionales se facilita cuando los numerosos involucrados —representantes de sus respectivas lenguas—, participan en el proceso. Es por ello que la Organización de las Naciones Unidas tiene seis idiomas oficiales, y muchas otras organizaciones internacionales también cuentan con lenguas oficiales y políticas lingüísticas. Vale la pena señalar que en 2013, con el objetivo de destacar la relevancia del multilingüismo en la ciudadanía mundial, United Nations Academic Impact (Impacto Académico de las Naciones Unidas) lanzó la convocatoria del concurso de ensayo «Many Languages One World». Los estudiantes de escuelas profesionales y los universitarios ganadores del concurso fueron llevados a Nueva York con todos los gastos pagados para presentar, en la Sala de la Asamblea General de la ONU, sus ensayos escritos en una segunda lengua aprendida y enfocados en el tema de los Objetivos de Desarrollo Sustentable (SDG, por sus siglas en inglés).

LA CONSTRUCCIÓN DE COMUNIDADES BILINGÜES

Con frecuencia surge la pregunta sobre si el multilingüismo podría debilitar a un país. Sin embargo, hay varios ejemplos de estados-nación que son oficialmente bilingües, o en los que se usan varias lenguas de forma predominante en la vida diaria, y el riesgo visible es bajo. De hecho, sucede más bien lo contrario. El ejemplo que nos viene a la mente de manera inmediata es el de Canadá, un caso particularmente interesante por varias razones. Además de hacer frontera con Estados Unidos y de compartir nuestro contexto norteamericano, Canadá es uno de nuestros socios comerciales más importantes. Dicho lo anterior, cabe mencionar que Canadá difiere de Estados Unidos en muchos sentidos. Tal vez el más significativo sea su política oficial de bilingüismo en los idiomas inglés y francés, la cual ha estado vigente durante los últimos cincuenta años de la manera en que se le conoce hoy en día. Un aspecto interesante del bilingüismo canadiense es que esta política cincuentenaria actual, llega después de dos siglos de aislamiento relativo que ha tenido Quebec de Francia. Paradójicamente, el francés no sólo ha perdurado, muchos dirían que incluso ha prosperado a pesar del aislamiento. De hecho, en todo Canadá existe una demanda importante de programas de francés en modalidad de inmersión —solicitados por padres francófonos y no-francófonos—, la cual está superando el suministro de maestros. Sumado a eso, a Montreal se ha calificado como la ciudad más atractiva para los estudiantes internacionales precisamente porque los programas universitarios de todos los grados se ofrecen en inglés y en francés. Como estos idiomas se encuentran entre los tres más importantes para los negocios internacionales y ambos son lenguas oficiales, Canadá podría muy bien tener una ventaja competitiva sobre Estados Unidos.

El impacto económico potencial del multilingüismo se menciona con frecuencia, y por ello resulta interesante señalar que Suiza, otro país con más de una lengua oficial (el francés, el alemán y el italiano son las lenguas oficiales, pero también se habla el romanche, una lengua nacional más), ocupó, entre 2017 y 2018, el primer lugar del Global Competitiveness Index (Índice Mundial de Competitividad), seguido de Estados Unidos.

Resulta abrumadoramente claro que, por razones económicas y de seguridad nacional, así como por los beneficios personales, profesionales y sociales, el fortalecimiento de las habilidades en lenguas extranjeras es imprescindible para nuestro país; para cada uno de nosotros, y sobre todo, para nuestros niños: la generación actual y la siguiente.

La pregunta es, ¿cómo lograrlo?

Ante la renuencia generalizada en Estados Unidos a aprender otros idiomas, realmente es necesario que los educadores, los defensores, los implicados y los seguidores adopten una actitud proactiva y vigorosa. Que actúen en conjunto y a través de asociaciones profesionales relacionadas, pero también de manera individual como agentes de cambio en la familia y la comunidad, en Internet y las redes sociales, y en la conversación pública de mayor alcance para que expresen su apoyo al aprendizaje de otros idiomas y para que, aunque sea uno a la vez, consigan adeptos. Este es un problema que necesita resolverse urgentemente por el bienestar de nuestros niños, las comunidades y el mundo entero.

Ahora que a los investigadores les están quedando más claros los beneficios del multilingüismo y de la capacidad de lectoescritura en múltiples lenguas —en particular el impacto del multilingüismo en el fortalecimiento cognitivo, el pensamiento crítico y la sensibilidad respecto a otras personas y culturas—, resulta de suma importancia que encontremos maneras de inspirar e involucrar a todos los padres para que se conviertan en defensores. Los padres no sólo defenderán la educación dual de lengua, también serán los verdaderos pioneros dispuestos a impulsar cambios positivos en sus sociedades y a lograr que la gente vuelva a enamorarse de las escuelas públicas. Al mismo tiempo, promoverán una vida comunitaria activa (en los aspectos social, económico y cultural), así como el entendimiento y respeto mutuo por los grupos minoritarios y la gente con orígenes sociolingüísticos y económicos diversos. Este es el camino para romper con la dañina noción de que el acceso a una buena educación forzosamente se relaciona con los ingresos en el hogar y con el estatus.

Los Objetivos De La Enseñanza Dual De Lengua En Modalidad De Inmersión

De acuerdo con el Center for Applied Linguistics o CAL (Centro de Lingüística Aplicada), «los objetivos de la educación dual de lengua son que los estudiantes desarrollen un alto grado de dominio de la lengua y de la capacidad de lectoescritura en los dos idiomas del programa, para que muestren niveles elevados de logro académico, y para que desarrollen el aprecio y el entendimiento de diversas culturas».

Lógicamente, el proceso de toma de decisiones de una comunidad, distrito escolar y de la familia del estudiante, se enfoca en los beneficios del multilingüismo para el aprendiz, para quienes lo rodean y, por extensión, para la sociedad.

Es bien sabido que entre los beneficios personales y profesionales de las habilidades en lenguas extranjeras, están los culturales y cognitivos, así como la posibilidad de un incremento en las ganancias económicas y en la capacidad de ser empleado. Por si esto fuera poco, los estudiantes de programas de inmersión suelen mostrar niveles más elevados de logro académico. Desafortunadamente, estos beneficios sociales y socioculturales no se consideran ni se discuten con frecuencia.

Aunque es hasta cierto punto sencillo que cualquier persona interesada aprenda sobre las manifestaciones externas de una cultura —vacaciones, festivales, gastronomía, música, baile, tradiciones, etcétera—, aprender los valores y creencias subyacentes, es exponencialmente más difícil. Entender la cultura visible o la punta del «iceberg cultural», metáfora que popularizó el antropólogo Edward T. Hall, necesariamente implica aprender los aspectos más ocultos, si es que en realidad se desea desarrollar un verdadero entendimiento intercultural.

Los maestros de idiomas y lenguas con frecuencia se consideran a sí mismos educadores de competencias interculturales. A su vez, la MLA ha definido la competencia translingüística y transcultural como el objetivo del aprendizaje de lenguas extranjeras. Sin embargo, la educación de inmersión —en la que se aprende otro idioma a una edad relativamente temprana—, y en especial, la educación dual de lengua en modalidad de inmersión —en la que hay presentes hablantes nativos de ambas lenguas—, les ofrecen a los estudiantes la mejor manera de adquirir competencia cultural y competencias lingüísticas comunicativas.

Si bien las habilidades en lenguas extranjeras son el primer paso para aprender sobre otra herencia cultural, ya sea en una clase tradicional o en una de inmersión, la interacción con hablantes nativos —como es la norma en el ambiente de inmersión dual porque así el aprendiz desarrolla habilidades lingüísticas y comunicativas—, representa un método infinitamente más efectivo para desarrollar competencias interculturales.

Al aprender el idioma y la cultura desde una edad temprana en una aula DLI, los estudiantes desarrollan las habilidades lingüísticas y el conocimiento intercultural necesarios para viajar, estudiar en el extranjero, realizar carreras trasnacionales, y para navegar con eficacia en nuestra cada vez más multilingüe sociedad.

Además, tanto las habilidades lingüísticas como el conocimiento cultural forman parte del grupo de competencias mundiales indispensables para que los jóvenes puedan participar y disfrutar de las culturas, y aceptar su papel y sus responsabilidades como ciudadanos del mundo capaces de resolver dificultades complejas con un entendimiento de las divergentes perspectivas que hay en el planeta.

Actualmente están surgiendo más y más corrientes bilingües o multilingües, tanto para aprendices del inglés como para angloparlantes cuyo primer idioma es también el inglés. Esto se explica, en parte, por el hecho de que enseñarles idiomas a los niños los vuelve más competitivos en el marco de la economía mundial, y porque fortalece su capacidad para seguir aprendiendo lenguas. Asimismo, les permite escuchar mejor en clase, desarrollar mayor habilidad en la lectura e incluso obtener mejores resultados en matemáticas. Estas corrientes les permiten a los estudiantes beneficiarse del multilingüismo independientemente de las habilidades lingüísticas que hayan heredado originalmente.

En años recientes, dichas corrientes han evolucionado hacia un modelo educativo que se enfoca más en los beneficios del multilingüismo para los niños que tal vez hablen, o no, otro idioma, y no tanto en las necesidades de los inmigrantes.

Las corrientes bilingües de Estados Unidos existen en varios idiomas pero, si bien el inglés continúa siendo una de las dos lenguas de la combinación, también encontramos cursos de español, chino, coreano, francés, japonés, alemán, ruso, portugués, árabe, italiano, cantonés, hmong, Bengalí, urdu, criollo, cup'ik y ojibwe, por nombrar sólo algunos. Incluso es posible encontrar una corriente bilingüe en el lenguaje de signos estadounidense. Cada una de estas lenguas refleja el espíritu de la comunidad que la rodea: su diversidad, sus intereses y su deseo compartido de lograr que sus niños sean exitosos. Al crear estos canales, las comunidades contribuyen a hacer de Estados Unidos un país más competitivo, tanto en el aspecto educativo como en el económico.

La educación dual de lengua significa algo distinto para cada persona. Algunos anhelan tener acceso al inglés y a las oportunidades de igualdad que este ofrece. Otros quieren conservar su legado, y utilizan este tipo de educación como una herramienta para lograrlo. Hay quienes están interesados en los beneficios que tiene el multilingüismo en el desarrollo cognitivo. A otros les llama la atención la adquisición de una segunda, tercera o cuarta lengua debido a las oportunidades y ventajas profesionales que esto ofrece. Finalmente, todas estas perspectivas tienen el mismo objetivo: fomentar una sociedad multilingüe con mayor acceso a las lenguas y las culturas.

La educación multilingüe en Estados Unidos tiene muchas facetas, y ninguna regla federal regula los contenidos académicos. Por esta razón, a pesar de que los estándares se establecen a nivel estatal, cada distrito escolar está a cargo de su propia pedagogía. De hecho, la cantidad y la variedad de corrientes de lengua podría sorprender a los padres y a los educadores interesados en echar a andar este tipo de programas en sus comunidades.

Resulta crucial que nos esforcemos por entretejer estas distintas perspectivas, y que nos aseguremos de que se dé inicio a más programas duales de lengua para generar mayores oportunidades para todos los niños. Ser bilingüe ya no es un asunto superfluo ni es un privilegio para algunos afortunados. Ser bilingüe ya no es un tabú para los inmigrantes que anhelan que sus niños se mezclen sin obstáculos en su nuevo ambiente. Ser bilingüe es la nueva norma y es algo que debe comenzar con nuestros ciudadanos más pequeños.

Las habilidades en lenguas extranjeras tienen varios beneficios personales, sociales y culturales, así como ventajas profesionales, en el desarrollo de una carrera y en el lugar de trabajo. De hecho, el conocimiento y el uso de más de un idioma parecen tener un impacto en la creatividad Kharkhurin, 2012; European Commission, 2009); en la resolución de problemas (Academy of Finland, 2009), en la posibilidad de ser mejor empleado/trabajador (Hogan-Brun, 2017); y en la agudeza mental (Bialystok, 2012). Asimismo, las habilidades lingüísticas en otros idiomas y el conocimiento cultural mejoran el capital humano y proveen beneficios económicos y sociales. Además, juegan un papel importante en el desarrollo de una actitud global y de los valores de la ciudadanía mundial (Gunesch, 2008).

El multilingüismo se vuelve cada vez más una habilidad imprescindible. El comercio internacional y la mundialización se han añadido a la ventaja multilingüe, y las empresas y corporaciones necesitan una estrategia para aprovechar con eficacia las habilidades de lengua y el conocimiento cultural como un talento adicional. La realidad es que 75 % de la población del mundo no habla inglés (British Council, 2013), y eso representa una enorme oportunidad para los individuos multilingües. Por otra parte, un porcentaje cada vez más alto de organizaciones mundiales de gran envergadura que cuentan con fuerzas laborales conformadas por decenas de millones de empleados, ahora se ubican en zonas del mundo donde no se habla predominantemente el inglés.

La mundialización no sólo ha dado como resultado un entorno más interconectado. En Estados Unidos, los millones de empleados que hablan en casa un idioma distinto del inglés hacen que ahora sea más importante que nunca tomar en cuenta el significado de la diversidad en el planeta y en nuestras comunidades. El hecho de reducir la segmentación social, de ampliar la base y de fomentar un ambiente de inclusión, puede aumentar las oportunidades, la apertura y el bienestar social.

Así como al multilingüismo se le ha relacionado con la creatividad y la capacidad de resolver problemas que tiene el individuo, a la diversidad —incluso la lingüística—, se le ha relacionado con la presencia de estas mismas características en los equipos trasnacionales cuyos miembros hablan varios idiomas (Livermore, 2016; Florida, 2008; Elgar, 2014). Estas habilidades no son, como se les suele catalogar incorrectamente, «competencias blandas» o «sociales». Más bien representan habilidades de negocios de la comunicación intercultural necesarias para tener éxito y prosperar en un mundo multicultural y multilingüe.

En el marco de la Unión Europea y del mundo francófono, al hecho de tener una lengua común se le ha relacionado con un aumento en el comercio y en el PIB (FERDI, s.f.). En Gran Bretaña, Canadá, Suiza y la Unión Europea, a las habilidades de lengua se les relaciona con mayores ingresos y con una mayor capacidad de obtener un empleo y de conservarlo a pesar del incremento de los costos.

El multilingüismo apoyado e impulsado por los defensores de las lenguas extranjeras también genera crecimiento económico y oportunidades. Al mudarse de una ubicación a otra, los individuos multilingües, ya sea en América, África, Europa o Asia, han aumentado la movilidad económica y reducido los costos de oportunidad. La creación de este rico tapiz de ideas, gente y cultura multilingües, provee las bases para la innovación que los países, las corporaciones y los individuos consideran clave en el éxito sostenible.

Estos desafíos se pueden enfrentar con una robusta y abarcadora política de defensa de las lenguas extranjeras. Una defensa efectiva debería esforzarse por ofrecer la oportunidad de empezar a estudiar otros idiomas en una etapa temprana, así como por apoyar el estudio continuo de uno o más idiomas hasta alcanzar el dominio o incluso la fluidez. Para lograr este objetivo necesitamos enfocarnos en una política decididamente favorable para el multilingüismo, lo cual podemos hacer si afirmamos la importancia de que todo estudiante domine dos idiomas adicionales. Hay muchos ejemplos a los que podemos recurrir, comenzando por las recomendaciones de la Unión Europea. Esta comunidad política convocó a la realización de esfuerzos continuos para «mejorar el dominio de competencias básicas a través, incluso, de la enseñanza de por lo menos dos lenguas extranjeras desde una edad muy temprana» (Barcelona, 2002, en European Commission, 2012).

Las principales reformas que han marcado el panorama educativo desde 2013, 2016 y 2017, coinciden con el Plan de Renovación de 2006. Estas reformas han fortalecido el lugar que ocupan las lenguas en la base del aprendizaje; enfatizado la importancia de la comunicación oral; y promovido cada vez más la educación desde una edad temprana. Los cimientos comunes del conocimiento, las habilidades y la cultura, renovados en 2016, incluyen en el área lingüística el aprendizaje de idiomas.

La clave del éxito es una defensa asociativa entre los educadores, los padres y otros involucrados en la defensa de las lenguas extranjeras. Asimismo, es fundamental destacar los beneficios personales, sociales, laborales y económicos del multilingüismo y de la capacidad de lectoescritura en múltiples lenguas. La defensa se vuelve contundente con el apoyo por parte de, pero no limitado a, organizaciones multinacionales de alto nivel, organizaciones no gubernamentales mundiales, y prestigiosas publicaciones de negocios como *Harvard Business Review*. El futuro del éxito como persona, corporación o país, está en el multilingüismo.

Capítulo 8

A pesar de que Estados Unidos siempre ha sido una nación de inmigrantes, relativamente pocos estadounidenses hablan una lengua distinta del inglés, y la mayoría de los que la hablan son personas que inmigraron recientemente con sus familias. A esta paradoja de las lenguas en nuestro país se suma el hecho de que, a medida que el mundo y los centros laborales se han vuelto mucho más mundializados e interconectados, menos estudiantes toman clases de idiomas, especialmente en la escuela superior o la universidad.

Por mucho tiempo los educadores de idiomas han enfatizado la importancia de estas habilidades y del conocimiento cultural; y han defendido la enseñanza de lenguas. Ya en 1940, Gilbert C. Kettelkamp escribió en «A Factor in Presenting Our Product» que «...si los maestros de idiomas tienen fe en su producto, deberían estar dispuestos a usar los medios disponibles para presentárselo al público». En 1956, en *Language for Everybody*, Mario Pei escribió que conocer otros idiomas «expande tu horizonte y pone a tu disposición los tesoros del pensamiento mundial». En 1961, en *Why Johnny Should Learn Foreign Languages?*, Theodore Huebener escribió: «a pesar del amplio interés popular en las lenguas extranjeras, a lo largo de los años muchos directivos de la educación han minimizado su importancia en nuestros ». En 2008, en *Educating Global Citizens in Colleges and Universities*, Peter Stearns escribió: «La hostilidad generalizada [de Estados Unidos] frente al aprendizaje serio de otros idiomas se ha vuelto casi legendaria».

No obstante, la Encuesta de Inscripciones más reciente de la MLA, publicada en 2018, comienza diciendo: «Entre el otoño de 2013 y el de 2016, las inscripciones a clases de idiomas distintos del inglés cayó 9.2 % en las escuelas profesionales y universidades de Estados Unidos»

La desvinculación entre la importancia reconocida de las habilidades en lenguas extranjeras y su aprendizaje, y la cantidad de estudiantes inscritos a nivel universitario, es evidente. De hecho, desde que la MLA empezó a rastrear las inscripciones en 1960, el porcentaje de estudiantes de nivel superior inscritos en alguna clase de un idioma distinto del inglés, ha disminuido en más de la mitad, y pasó de 16.2 % en 1960 a 7.5 % en 2016, el año de donde provienen las cifras disponibles más recientes. Si deseamos incrementar la conciencia y la motivación entre los estudiantes y sus padres; obtener financiamiento para extender el acceso y la oportunidad; y apoyar la preparación académica de los maestros, necesitamos una campaña a favor de las lenguas extranjeras.

DEFENSA DE LAS LENGUAS EXTRANJERAS EN ESTADOS UNIDOS

La conversación actual sobre las lenguas extranjeras en Estados Unidos dio inicio con el reporte de 1979 «Strength through Wisdom: A Critique of U.S. Capability. A Report to the President from the President's Commission on Foreign Language and International Studies» y con la publicación el siguiente año de *The Tongue-Tied American: Confronting the Foreign Language Crisis*, del senador Paul Simon.

El gobierno de Estados Unidos ha apoyado el desarrollo de las necesarias competencias lingüísticas a través de varias iniciativas entre las que se encuentran The National Security Education Program, producto del National Security Education Act de 1991, y la fundamental iniciativa de las lenguas. En varias audiencias del Congreso como *The State of Foreign Language Capabilities in National Security and the Federal Government* (2000); *Closing the Foreign Language Gap: Improving the Federal Government's Foreign Language Capabilities* (2010); y *A National Security Crisis: Foreign Language Capabilities in the Federal Government* (2012), se ha destacado la carencia de habilidades en otros idiomas y lenguas. En 2010, Leon Panetta, director de la CIA, solicitó un compromiso nacional con el estudio de otros idiomas; el Secretario de Educación, Arne Duncan, habló de la necesidad de mayor financiamiento para su enseñanza; y el representante Rush Holt habló sobre la legislación que presentó para aumentar el financiamiento federal para este tipo de educación en la Foreign Language Summit (Cumbre de Lenguas Extranjeras) en 2010. En numerosos reportes de la Government Accountability Office (GAO, por sus siglas en inglés) como el llamado *Foreign Language Capabilities: Departments of Homeland Security, Defense, and State Could Better Assess Their Foreign Language Needs and Capabilities and Address Shortfalls* (2010), se ha discutido la necesidad que tiene el gobierno federal de que los ciudadanos cuenten con habilidades en otros idiomas.

El reporte de 2007 de MLA, *Foreign Languages and Higher Education: New Structures for a Changed World*, describió al interior de la comunidad educativa profesional de idiomas y lenguas, la necesidad imperiosa de contar con competencias translingüísticas y transculturales en un mundo globalizado, e hizo un llamado para que se realizaran colaboraciones interdisciplinarias entre educadores del movimiento K-16. Por otra parte, después de más de diez años, el enfoque de la metodología Languages for Specific Purposes (LSP), de la que forman parte los cursos de Business Language Studies (BLS), ha ofrecido un área con éxito relativo, junto con algunos programas preprofesionales y de tipo estudio de área.

Otros reportes, en particular *Securing America's Future: Global Education for a Global Age* (2003); *Education for Global Leadership: The Importance of International Studies and Foreign Language Education for U.S. Economic and National Security* (2006); *International Education and Foreign Languages: Keys to Securing America's Future* (2007); *What Business Wants: Language Needs in the 21st Century* (2009); y *Not Lost in Translation: The Growing Importance of Foreign Language Skills in the U.S. Job Market* (2017), describen y discuten la necesidad de habilidades lingüísticas en otros idiomas y el impacto del déficit estadounidense de las mismas en la seguridad económica y nacional.

Durante mucho tiempo, los educadores de idiomas y lenguas han defendido la enseñanza de los mismos, en tanto que asociaciones profesionales estatales, regionales y nacionales como la American Association of Teachers of French (AATF); Central States Conference on the Teaching of Foreign Languages (CSCTFL); American Council on the Teaching of Foreign Languages (ACTFL), y muchas otras, cuentan con grupos de defensa. La iniciativa World Languages and Global/Workforce del Georgia Department of Education (GADOE) es un ejemplo excelente del liderazgo estatal en la defensa de las lenguas extranjeras.

«Lead with Languages», por otra parte, es una campaña nacional que fue lanzada en 2017, simultáneamente con la publicación del reporte de la AMACAD, *America's Languages: Investing in Languages for the 21st Century*. Sus objetivos son aumentar las inscripciones, fortalecer los programas de idiomas, involucrar a los líderes y generar conciencia. Otra campaña exitosa es The Bilingual Revolution, (La revolución bilingüe), la cual cuenta con programas duales de lengua en modalidad de inmersión en doce idiomas que se imparten en las escuelas públicas de la Ciudad de Nueva York y en muchos otros lugares.

Más allá de Estados Unidos, la Unión Europea ha promovido el aprendizaje de idiomas en convergencia con su valor central del multilingüismo. Reino Unido, por su parte, promueve el aprendizaje de idiomas a través de The British Academy Languages Programme —una colaboración de la serie «The Case for Language Learning» en *The Guardian*—; el reporte del Consejo Británico *Languages for the Future* (2013, 2017); *The CBI/Pearson Education and Skills Survey*; y el nuevo nacional de idiomas (2016). En Irlanda se lanzó un nuevo plan de diez años para mejorar las habilidades en idiomas en el período posterior a Brexit, plan que se basa en un reporte de 2005 de Forfás: *Language and Enterprise: the Demand and Supply of Foreign Language Skills in the Enterprise Sector*. Australia desarrolló un plan de segundos idiomas, y con esto, la actividad en el mundo anglófono confirma el déficit mundial de lenguas extranjeras de los angloparlantes. Muchos gobiernos apoyan la enseñanza de idiomas más allá de sus fronteras como parte de su diplomacia cultural. Prueba de ello es la campaña *Et en plus, je parle français* (Y además hablo francés) lanzada por el Instituto Francés.

El concurso de ensayo Many Languages One World (MLOW) y el Foro Global Youth, lanzados en 2013 por United Nations Academic Impact, tiene como objetivo destacar la importancia del multilingüismo en el desarrollo de la ciudadanía mundial y alentar el estudio de los seis idiomas de las Naciones Unidas.

Los estudiantes de tiempo completo de escuelas profesionales y universidades pueden enviar un ensayo sobre un tema asignado, el cual se relaciona con el papel del multilingüismo en la ciudadanía mundial. El ensayo debe estar escrito en un segundo idioma que deberá ser alguno de los idiomas oficiales de las Naciones Unidas. A los finalistas se les entrevista por Skype para confirmar sus habilidades lingüísticas, y los ganadores viajan con todos los gastos pagados a Nueva York, en donde tienen la oportunidad de participar en un foro mundial juvenil que se lleva a cabo en el campus de una universidad local. Durante el foro interactúan como una comunidad local mientras trabajan en equipo con sus grupos de idioma y preparan sus presentaciones sobre alguno de los principios de la UNAI (2014), o alguno de los Objetivos de Desarrollo Sostenibles de las Naciones Unidas (SDG, por sus siglas en inglés) (2015-2017). El momento culminante de la semana en Estados Unidos es cuando los jóvenes tienen la oportunidad de presentar su trabajo en la sala de la Asamblea General, siempre en un segundo idioma aprendido: el de los ensayos ganadores.

Resulta interesante observar las interacciones entre los estudiantes ganadores —representantes de países de todo el mundo— porque puede uno verlos superar las barreras lingüísticas y culturales para comunicarse. Estas interacciones son inspiradoras porque demuestran la capacidad que posee la gente de diversas culturas para reunirse y formar una comunidad, tanto en sus interacciones sociales cotidianas, como en las reuniones que llevan a cabo los equipos trasnacionales para trabajar en sus presentaciones individuales con su grupo ganador y en un segundo idioma aprendido.

Como se confirma en las redes sociales y en reportes de correos electrónicos de breves reuniones y encuentros en conferencias internacionales, el aspecto más inspirador de MLOW es el desarrollo de amistades duraderas que surgen tras solamente una corta pero intensa semana de trabajo en grupo. Muchos ganadores de MLOW también han pasado con éxito a realizar estudios avanzados y a una vida profesional, siempre con el multilingüismo como un valioso componente de su serie de competencias profesionales. En el contexto de las Naciones Unidas, MLOW es un ejemplo de alto nivel de cómo funciona el multilingüismo en el desarrollo y la promoción de las competencias y valores de la ciudadanía mundial.

De manera general, MLOW es un ejemplo maravilloso de los muchos estudiantes de todo el mundo que, a través de una variedad de experiencias de aprendizaje, han desarrollado impresionantes habilidades multilingües tanto en idiomas relacionados íntimamente con su lengua materna, como en otros que en apariencia no tienen relación alguna con ella. Dos de las características que poseen prácticamente todos los ganadores de MLOW son el alto nivel de motivación para el aprendizaje de idiomas, el cual se hace evidente en su dominio de varios, y el alto grado de autodisciplina que se puede constatar por el hecho de que, para empezar, decidieron participar en el concurso y competir, y porque escribieron un extenso ensayo en un tema hasta cierto punto abstracto, a pesar de que como universitarios tienen normalmente horarios muy apretados.

Aunque no necesariamente se limitan a esto, las aplicaciones locales de la experiencia MLOW podrían incluir conferencias y presentaciones estudiantiles sobre los Objetivos de Desarrollo Sostenible; concursos de ensayo en un segundo idioma aprendido; presentaciones sobre temas relevantes realizadas por estudiantes internacionales y por aquellos que recientemente regresaron de estudiar en el extranjero; y herramientas tecnológicas para ofrecerles a los participantes la oportunidad de discutir problemáticas mundiales con estudiantes en otro país o región.

Una de las frustraciones que más externan muchos de los estudiantes estadounidenses angloparlantes, es su incapacidad para «hacer la diferencia» o para participar en la conversación mundial. En efecto, MLOW demuestra que, con motivación y esfuerzo, alcanzar el multilingüismo es posible. MLOW también es una muestra de que el multilingüismo permite construir puentes al futuro, al éxito y entre las culturas.

EL MULTILINGÜISMO Y NUESTRA IDENTIDAD

Además de pertenecer a la serie de habilidades mundiales, el multilingüismo es parte de nuestra identidad personal e histórica como estadounidenses. Las habilidades multilingües y el conocimiento cultural son, sin duda, necesarios para integrar las habilidades mundiales. Al aprender otra lengua o idioma, desarrollamos la capacidad de entender mejor otra cultura, no sólo a través de su literatura y sus medios de comunicación, sino especialmente por medio de la conversación con otros, es decir, de la comunicación directa en la que no existe la barrera de la traducción o la interpretación. También nos hace más capaces de observar y llegar a entender por qué las otras culturas abordan la misma situación, tema o tarea de una manera distinta a la nuestra, y nos permite comprender mejor las otras perspectivas mundiales.

La lengua también es parte de quienes somos, de nuestra identidad personal y cultural. La posibilidad de retener una lengua hablada en el hogar o de reaprender una lengua de legado que se perdió parcial o completamente en el «crisol» estadounidense, no sólo beneficiaría a nuestra sociedad en cuanto al incremento de nuestras habilidades mundiales y una mejoría en nuestra actitud, también lo haría en relación al desarrollo de la noción de identidad personal que tiene cada individuo, y a la comunicación con nuestra familia y sociedad.

Como a la diversidad lingüística y cultural se le ha relacionado también con la creatividad y con la resolución eficaz de problemas, alentar el multilingüismo implica, al mismo tiempo, alentar el pensamiento divergente. Asimismo, conlleva la posibilidad de resolver, desde nuevas perspectivas, tanto problemas perdurables como problemáticas locales y mundiales que puedan surgir.

Es importante recordar que millones de estadounidenses hablan en el hogar otro idioma distinto del inglés, y que muchos más conservamos diversos grados de dominio en las lenguas familiares y heredadas, dominio que puede incluir el manejo de tan sólo algunas palabras, habilidades comunicativas básicas, o la franca fluidez. Asimismo, en Estados Unidos hay grandes áreas que históricamente han sido el hogar de una variedad de lenguas europeas y de otros sitios, razón por la que los nombres de algunos lugares con frecuencia son la única señal para los visitantes, de que ahí hay otra comunidad lingüística. Estas zonas también albergan a comunidades locales con legados lingüísticos. Al no promover el multilingüismo y el aprendizaje de otros idiomas, nos negamos a nosotros mismos de su disfrute y de las enseñanzas de nuestra historia.

Al término «*soft power*» (poder blando o influencia diplomática), se le ha definido como «una manera persuasiva de abordar las relaciones internacionales, la cual comúnmente involucra el uso de influencia económica o cultural» (*Oxford Dictionary*, s.f.). La lengua es, sin duda, un elemento de poder blando que les brinda influencia y oportunidades a las naciones, organizaciones y a aquellos que dominan o tienen fluidez en la lengua en cuestión. La huella mundial del francés y del inglés, y el uso internacional del español y el portugués, son legado del pasado colonial. Con frecuencia, el ruso se estudia en zonas donde anteriormente hubo influencia soviética, y el chino se estudia en todo Asia. En 2017, Francia fue el país más visitado del mundo, atrajo a casi cerca de 90 millones de personas y obtuvo el primer lugar en la lista de naciones con poder blando (Gray, 2017).

LA INFRAESTRUCTURA DE LA DEFENSA DE LAS LENGUAS EXTRANJERAS

Hay defensores de las lenguas extranjeras en los negocios, la industria, el gobierno y el sector educativo. Para poder ser eficaz, la defensa de los idiomas y las lenguas necesita basarse en evidencia y sustentarse en la información, pero lo más importante es que necesita ser proactiva y personal, y desarrollarse en colaboración con comunidades y con los interesados en el tema.

Aunque la conversación contemporánea sobre el déficit de lenguas extranjeras en Estados Unidos dio inicio en 1980 con la publicación de *The Tongue-Tied American* del Senador Paul Simon, la defensa actual en el país se realiza en el marco del reporte *Foreign Languages and Higher Education: New Structures for a Changed World* (MLA, 2007), el cual revigorizó la conversación al enfatizar la competencia translingüística y transcultural como objetivo, y la importancia de, tanto una multiplicidad de vías, como de la colaboración del movimiento K-16. El reporte también señaló la necesidad de que las habilidades comunicativas y el conocimiento cultural se convirtieran en el objetivo de una amplia gama de vías relevantes de lenguas extranjeras; y del fortalecimiento de competencias adquiridas previamente al ingreso a las escuelas profesionales y a las universidades.

Entre los otros reportes que forman los cimientos de la defensa actual, podemos encontrar los siguientes, pero la lista no es exhaustiva (en orden cronológico inverso):

- *Enrollments in Languages Other Than English in United States Institutions of Higher Education* (2018)

- *The National K-12 Foreign Language Enrollment Survey Report* (2017)

- *America's Languages: Investing in Language Education for the 21st Century* (2017)

- *Not Lost in Translation: The Growing Importance of Foreign Language Skills in the U.S. Job Market* (2017)

- *A National Security Crisis: Foreign Language Capabilities in the Federal Government* (Audiencia del Senado, 2012)

- *Are Students Prepared for a Global Society?* (2011)

- *International Education and Foreign Languages: Keys to Securing America's Future* (2007)

- *Education for Global Leadership: The Importance of International Studies and Foreign Language Education for U.S. Economic and National Security* (2006)

- *Securing America's Future: Global Education for a Global Age* (2003)

Asimismo, entre las perspectivas de más allá de Estados Unidos, encontramos lo siguiente:

- *Languages for the Future* (2013, 2017) — Reino Unido

- *Key Data on Eurydice Report Teaching Languages at School in Europe* (2017) — Comunidad Europea

- CBI/Pearson Education and Skills Survey 2017 — Reino Unido

- *The Costs to the UK of Language Deficiencies as a Barrier to UK Engagement in Exporting* (2014) — Reino Unido

- *Languages: The State of the Nation* (2013) — Reino Unido

- *Study on the Contribution of Multilingualism to Creativity* (2009) — Comunidad Europea

- *Languages and Enterprise: The Demand & Supply of Foreign Language Skills in the Enterprise Sector* (2005) — Irlanda

La conversación actual respecto a la defensa de las lenguas extranjeras dio inicio en 1979 con el reporte *Strength through Wisdom*, al cual le siguió, en 1980, *the Tongue-Tied American* del Senador Paul Simon, publicado ante el precipitado declive en las inscripciones en clases de idiomas en las escuelas profesionales y universidades. A continuación vinieron los programas National Security Education y el de becas denominado Critical Languages, mientras que en Reino Unido, el Consejo Británico y la Academia Británica lanzaron sus propias iniciativas de lenguas.

En Estados Unidos, el reporte de 2007 de la MLA, *Foreign Languages and Higher Education: New Structures for a Changed World*, hizo énfasis en la competencia translingüística y transcultural, e impulsó la siguiente etapa de la conversación sobre lenguas extranjeras. A este le siguieron *America's Languages* y las encuestas *National K-12 Foreign Language Enrollment* y MLA 2017 y 2018. Y aunque hay asociaciones educativas profesionales de idiomas que han desarrollado e implementado campañas de defensa, aún queda mucho por hacer.

FORJAR LAS HABILIDADES NECESARIAS EN IDIOMAS Y LENGUAS

Para forjar las habilidades que necesitamos, es fundamental realizar un cambio en las actitudes hacia el aprendizaje de los idiomas y lenguas, y defenderlos.

También es fundamental que haya motivación entre un mayor número de estudiantes para que comiencen a estudiar otros idiomas a una edad relativamente temprana, y que continúen hasta dominarlos o incluso hablarlos con fluidez. Para generar y mantener la motivación, se requiere de un apoyo por parte de los padres, las escuelas y la comunidad. Asimismo, es necesario expandir la oportunidad del estudio continuo por medio de vías curriculares K-16 y colaboraciones, y apoyar la preparación académica para los maestros. Los programas bilingües y de lenguas heredadas les ofrecen a los estudiantes las mayores probabilidades de alcanzar el dominio, en tanto que la inmersión es la metodología más capaz de conducir a resultados de aprendizaje exitosos.

En la educación superior se requieren programas preprofesionales de idiomas y lenguas, con oportunidades para la realización de pasantías y de aprendizaje experimental, así como asociaciones con individuos del ámbito de los negocios interesados en desarrollar vías profesionales.

Para lograr todo esto se necesita de la defensa de los idiomas y las lenguas y, específicamente, de una campaña. Los educadores, los padres, los grupos comunitarios y los individuos provenientes del entorno de negocios, necesitan trabajar en equipo para provocar el resurgimiento de las lenguas. Además, es indispensable que entre los maestros haya colaboraciones K-16 e interdisciplinarias.

Una vez que se haya establecido una alianza de base amplia de los interesados en el tema, es necesario que la campaña sea estratégica y que se base en la psicología de la influencia y el manejo del cambio, que comience con una "noción de urgencia" y que implemente una mercadotecnia social/de causa para promover el aprendizaje como un bien público. Además de su papel en el éxito personal y profesional, el multilingüismo empodera a quienes tienen habilidades en otros idiomas y conocimiento cultural para que trabajen en conjunto y atiendan de manera eficaz complejas dificultades de tipo social, tanto locales como mundiales.

EL MULTILINGÜISMO Y LOS OBJETIVOS DE DESARROLLO SOSTENIBLES

El concurso de ensayo Many Languages One World y el foro Global Youth (MLOW) surgió en 2013 como una iniciativa de United Nations Academic Impact con el objetivo de destacar el papel del multilingüismo en la ciudadanía mundial y de promover el estudio continuo de los idiomas oficiales de las Naciones Unidas. Esta iniciativa invita a estudiantes de escuelas profesionales y universidades de todo el mundo a enviar ensayos sobre un tema asignado, relacionado con los principios de la UNAI y, más adelante, con los Objetivos de Desarrollo Sostenible (SDG, por sus siglas en inglés), en un segundo idioma aprendido que también forma parte de los seis idiomas oficiales de las Naciones Unidas (Many Languages One World, s.f.).

Los finalistas son entrevistados en el idioma en que escribieron sus ensayos, y los ganadores —diez ganadores por cada uno de los idiomas oficiales— son llevados a Nueva York, en donde tienen la oportunidad de presentarse en la Sala de la Asamblea General de las Naciones Unidas.

Durante su estancia en Nueva York, los estudiantes de todo el mundo mostraron una camaradería que fue divulgada en redes sociales y en numerosas reuniones pequeñas, y que resulta notable e inspiradora.

Capítulo 9

Si bien la idea de una *lingua franca* mundial posee la fuerza de su simplicidad, no carece de riesgos en cuanto a la pérdida cultural entre las lenguas que no ocupan este lugar. Por otra parte, a medida que es hablada por más y más hablantes no nativos, la lengua elegida pierde sus elementos menos utilizados. También existe el dilema moral del poder absoluto que, en este caso, es el poder y la influencia de una *lingua franca* mundial que "corrompe de forma absoluta" (Acton Institute, s.f.). Asimismo, los objetivos de la competencia comunicativa y cultural ofrecen un camino pragmático hacia el multilingüismo y trascienden los mitos sobre el mismo (Grosjean, 2010), como el de la necesidad de hablar a la perfección y sin acento.

Para asegurar el mejor presente y el mejor futuro posibles para nuestros niños, es necesario que los actores tomen decisiones: los educadores, las empresas y el gobierno, pero en especial las familias y los padres, quienes tienen que trabajar en colaboración como socios. Ya no se trata de que los estadounidenses anglófonos aprendan una lengua «extranjera» esporádicamente en la preparatoria o la escuela profesional, sino más bien, de un multilingüismo recíproco en el que todos seamos hablantes nativos y aprendices de una segunda lengua para reducir la segmentación social e incrementar el bienestar social general (Caminal, 2016).

La educación bilingüe y de inmersión se encuentran entre los medios más efectivos para atender el déficit en lenguas extranjeras de Estados Unidos y para forjar las habilidades necesarias en nuestras comunidades bilingües. (Gross, 2016) confirma que hay más de 2 000 programas duales de lengua en modalidad de inmersión en Estados Unidos.

Aunque la educación dual de lengua se diferencia de la educación tradicional para aprender una segunda lengua en que aprovecha el lenguaje como un medio de instrucción en lugar de considerarlo su materia (García, 2009), entre los interesados en su defensa encontramos padres y comunidades, empresas y gobierno, y educadores provenientes de ambos ámbitos de aprendizaje: el tradicional y el de inmersión.

En un análisis del éxito del multilingüismo y de los logros de los estudiantes en los programas duales de lengua (DL), Lindholm-Leary (2016) descubrió que en ambos casos hay beneficios, ya que los resultados son comparables o incluso mejores que en los programas tradicionales en inglés. A pesar de ello, la posibilidad de continuar el aprendizaje dual de lengua después de la escuela primaria continúa siendo un desafío y una meta a alcanzar.

Para desarrollar habilidades eficaces en lenguas extranjeras, es fundamental comenzar a estudiarlas a una edad temprana y continuar haciéndolo de forma progresiva.

La revista *Fortune* (2018) destaca el hecho de que el impacto del multilingüismo no es necesariamente cuantitativo ni basado en habilidades, y explica que «llegar a ser bilingüe conduce a nuevas maneras de conceptualizarte a ti mismo y a otros. Expande tu visión del mundo para que no solamente sepas más, sino que también sepas de una manera distinta».

Paradójicamente, mientras que hablar otros idiomas se está volviendo una necesidad social y profesional más apremiante debido a la mundialización y a la expansión del multilingüismo en Estados Unidos, cada vez menos estudiantes se inscriben en clases de uno o más idiomas o lenguas para llegar a dominarlos

Necesitamos aceptar y promover el multilingüismo del país, sin embargo, eso sólo sucederá si ofrecemos cursos de los distintos idiomas y lenguas en las escuelas públicas. Además, como lo muestran muchos estudios, los niños inmigrantes criados en ambientes que valoran la lengua de sus padres, aprenden el idioma dominante con mayor rapidez. Actualmente, cada vez más estudiantes se benefician de los programas duales de lengua de tiempo completo de las escuelas públicas, y se gradúan como ciudadanos completamente bilingües, biculturales y con capacidad lectoescritora doble. No obstante, todavía queda por ver si los beneficios personales, profesionales y sociales que otorgan los idiomas y el conocimiento cultural superan los costos de oportunidad que representa adquirir estas habilidades por encima de otras.

En una ocasión, Gregg Roberts dijo que el monolingüismo era el analfabetismo del siglo veintiuno (Kluger, 2013). Los beneficios personales, profesionales y sociales del multilingüismo y de las capacidades de lectoescritura en múltiples lenguas han sido demostrados contundentemente. El desafío es entonces, encontrar la manera de forjar las habilidades en lenguas extranjeras en Estados Unidos. Al igual que muchos padres y educadores, estamos convencidos de que las ventajas cognitivas, emocionales y sociales de ser multilingüe y de contar con capacidades de lectoescritura en varias lenguas son un regalo universal que todo niño debería recibir porque puede cambiar de manera constructiva a las escuelas y comunidades, e incluso a nuestros países.

Referencias

Academia de Finlandia (2009). Brains benefit from multilingualism. Consultado el 30 de noviembre de 2018. *Science Daily* 26, noviembre 2009.

Adkins, S. (2016). *The 2015-2020 Digital Worldwide Digital English Language Learning Market*. Ambient Insight. Febrero de 2016. Consultado el 3 de diciembre de 2018.

American Council son International Education (2017). *The National K-12 foreign language enrollment survey*. Consultado el 30 de noviembre de 2018.

Ayala, C. (2014). The Q&A: Rebecca Callahan. *Texas Tribune* 29, octubre de 2014. Consultado el 30 de noviembre de 2018.

BBC (2014). *Languages across Europe* (2014). Consultado el 30 de noviembre de 2018.

Bel Habib, I. (2011). Multilingual skills provide export benefits and better Access to new and emerging markets. *Sens public: Revue web*. 17 de octubre de 2011. Consultado el 30 de noviembre de 2018.

Owler (s.f.) *Berlitz Competitors, Revenue, Number of Employees, Funding and Acquisitions*. Consultado el 30 de noviembre de 2018.

Bhanoo, S. (2012). How Immersion Helps to Learn a New Language. *New York Times*. 2 de abril de 212. Consultado el 30 de noviembre de 2018.

Bialik, K. (2017). Number of U.S. workers employed by foreign-owned companies is on the rise. *Pew Research Center*. 14 de noviembre de 2017. Consultado el 30 de noviembre de 2018.

Bialystok, E., Craik, F., I.M. & Luk, G. (2012). Multilingualism: Consequences for mind ad brain. *Trends Cogn Sci*. Abril de 2012; 16(4): 240-250. PMC. Consultado el 30 de noviembre de 2018.

Blatt, Ben (2014). Tagalog in California, Cherokee in Arkansas. What language does your state speak? *Slate*. 13 de mayo de 2014. Consultado el 30 de noviembre de 2018.

British Council (2013) *The English Effect*. Agosto de 2013. Consultado el 30 de noviembre de 2018.

British Council (2013, 2017). *Languages for the future*. Noviembre de 2013, noviembre de 2017. Consultado el 30 de noviembre de 2018.

Byram, M. (2008). *From Foreign Language Education to Education for Intercultural Citizenship: Essays and Reflections*. Bristol, Reino Unido: Multilingual Matters.

Callahan, R.M. & Gandara, P. C., eds. (2014). *The Bilingual Advantage: Language, literacy, and the US labor market*. Bristol, Reino Unido: Multilingual Matters, 2014.

Canadian Heritage/Patrimoine canadien (2016). *Economic advantages of multilingualism: Literature review*. Mayo de 2016. Consultado el 30 de noviembre de 2018.

CBI/Pearson Education and Skills Survey 2017. *Helping the UK thrive*. Consultado el 30 de noviembre de 2018.

Center for Applied Linguistics. *Two-Way Immersion*. Consultado el 30 de noviembre de 2018.

Chan, K. (2016). *These are the most powerful languages in the world*. 2 de diciembre de 2016. Consultado el 30 de noviembre de 2018.

CIA News & Information (2010). *CIA Director Calls for a National Commitment to Language Proficiency at Foreign Language Summit*. 8 de diciembre de 2010. Consultado el 30 de noviembre de 2018.

CODOFIL. (s.f.). *French Immersion*. Consultado el 30 de noviembre de 2018. Commission on Language Learning (2017). *America's languages: Investing in language education for the 21st century*. Consultado el 30 de noviembre de 2018.

Committee for Economic Development (2006). *Education for Global Leadership: The Importance of International Studies and Foreign Language*. Consultado el 30 de noviembre de 2018.

Conner, C. (2014). How learning and additional language could influence your business. *Forbes*. 17 de abril de 2014. Consultado el 30 de noviembre de 2018.

Cornick, M.F. & Roberts-Gassler, V. (1991). *The Value of foreign language skills for accounting and business majors. Journal of Education for Business* v. 86 n. 3, 161-163.

Couglan, S. (2017). Montreal ranked top city for students. *BBC News.* 15 de febrero de 2017. Consultado el 30 de noviembre de 2018.

Damari, R.R., et al. «The Demand for Multilingual Capital in the U.S. Labor Market.» *Foreign Language Annals*, 50(1), 13-37.

Di Paolo, A., y Tansel, A. (2015). *Returns to foreign language skills in a developing country: The Case of Turkey. Journal of Development Studies* v. 51 n. 4, 407-421.

CAL. (s.f.). *Directory of Foreign Language Immersion Programs in U.S. Schools.* Consultado el 30 de noviembre de 2018.

Carnock J. y Garcia, A. *Dual Immersion Programs: How States Foster Expansion, Face Challenges.* New America. Blog 21 de abril de 2016. Consultado el 30 de noviembre de 2018.

Georgia DOE. (s.d.). *Dual Language Immersion Programs in Georgia.* Consultado el 30 de noviembre de 2018.

E-boost Consulting. (2013). *Five Minutes a Day: Six Sigma Marketing Strategy* (2013). 6 de diciembre de 2013. Consultado el 30 de noviembre de 2018.

Economist Intelligence Unit (2012). *Competing across borders: How cultural and communication barriers affect business.* 25 de abril 2012. Consultado el 30 de noviembre de 2018.

EF. 2018. *EF English Proficiency Index.* Consultado el 30 de noviembre de 2018.

El País (2017). Number of Spanish speakers worldwide soars to 572 million. *El País.* 29 de noviembre de 2017. Consultado el 3 de diciembre de 2018.

Engel, J. S. (2014). *Global clusters of innovation: Entrepreneurial engines of economic growth around the world.* Cheltenham, Reino Unido: Elgar.

English, Chinese, and French most useful for business (2011). *Language Magazine.* Consultado el 30 de noviembre de 2018.

Eurobarometer (2012). *Europeans and their languages, 2012*. 25 de julio de 2012. Consultado el 30 de noviembre de 2018.

European Commission (2006). *Effects on the European economy of shortages of foreign languages skills in enterprise*. Consultado el 30 de noviembre de 2018.

European Commission (2009). *Study on the contribution of Multilingualism to creativity*. Consultado el 30 de noviembre de 2018.

European Commission (2012). Eurobarometer: 98% say language learning is good for their children, but tests highlight skills gap. 21 de junio de 2012. Consultado el 30 de noviembre de 2018.

European Parliament (2016). *Research for CULT committee — European strategy for multilingualism: Benefits and costs*. 14 de octubre de 2016. Consultado el 30 de noviembre de 2018.

Fairfax County Public Schools Immersion Programs. Consultado el 30 de noviembre de 2018.

Fang, L. (2014). Where have all the lobbysts gone? *The Nation*. 19 de febrero de 2014. Consultado el 30 de noviembre de 2018.

FERDI (s.f.). *Francophonie would provide significant stability in times of crisis*. Consultado el 30 de noviembre de 2018.

Forfás (2005). *Languages and Enterprise: The Demand & supply of foreign Language skills in the enterprise sector*. 8 de junio de 2005. Consultado el 30 de noviembre de 2018.

Fortune, T. W. (s.f.). *What the research says about immersion*. Consultado el 30 de noviembre de 2018.

French Morning (s.f.). *Bilingual fair*. Consultado el 30 de noviembre de 2018.

Gala-Global (2018). *Translation and localization industry facts and data*. Consultado el 30 de noviembre de 2018.

Garcia, O. Ed. (2009). *Bilingual education in the 21st century: A Global perspective*. Chichester, Reino Unido: Wiley-Blackwell.

Gray, A. (2017). *France becomes the world No 1 for soft power.* 27 de julio de 2017. Consultado el 30 de noviembre de 2018.

Grosjean, F. (2010). *Bilingual: Life and reality.* Boston: Harvard University Press.

Gross, N. (2016). *The New Multilingualism.*

Grosse, C. U. (2004). *The Competitive advantage of foreign languages and cultural knowledge. The Modern Language Journal* v. 88 n. 3, 351-373.

Grosse, C. Y. Tuman, W. V., y Critz, M. A. (1998). *The Economic utility of foreign language study. The Modern Language Journal* v. 82 n. 4, 457-472.

Gunesch, K. (2008). *Multilingualism and cosmopolitanism: Meanings, relationships, tendencies.* Saarbrücken, Alemania: Mueller.

Harris, E. A. (2015). Dual-language programs are on the rise even for native English speakers. *New York Times.* 8 de octubre de 2015. Consultado el 30 de noviembre de 2018.

Hazlehurst, J. (2010). Learning a foreign language: Now you're talking. *Guardian.* 27 de agosto de 2010. Consultado el 30 de noviembre de 2018.

Hogan-Brun, G. (2017). *People who speak multiple languages make the best employes for one big reason.* 9 de marzo de 2017. Consultado el 30 de noviembre de 2018.

Institute of International Education (2017). *Open doors reporte 2017.* Consultado el 30 de noviembre de 2018.

National Research Council. (2007). *International Education and Foreign Languages: Keys to Securing America's Future.* Consultado el 30 de noviembre de 2018.

International Publishers Association. (2016). *Anual Report. 2015-2016.* Consultado el 1 de diciembre de 2018

Jaumont, Fabrice. *The Bilingual Revolution: The Future of Education is in Two Languages.* Nueva York, N. Y.: TBR Books, 2017.

Jaumont, F., Le Devedec, B. Y Ross J. (2016). «Institutionalization of French Heritage Language Education in U.S. School Systems: The French Heritage Language Program» en Kagan, O., Carreira, M., Chick, C., eds. *Handbook on Heritage Language Education: From Innovation to Program Building*. Oxford, Reino Unido: Routledge.

Jolin, L. (2014). Why language skills are great for business. *Guardian*. 16 de diciembre de 2014. Consultado el 30 de noviembre de 2018.

Kharkhurin, A. V. (2012). *Multilingualism and creativity*. Bristol, Reino Unido: Multilingual Matters.

Kluger, J. (2013). The Power of the bilingual brain. *Time*. 29 de julio de 2013. Consultado el 6 de junio de 2018.

Kokemuller, N. (2018). What are the benefits of multilingualism in the workplace?

Kotter, J. *the 8-Step Process for Leading Change*. Consultado el 30 de noviembre de 2018.

Language Immersion (9-12). *Houston Chronicle*. Consultado el 1 de diciembre de 2018.

Language Flagship (2009). *What business wants: Language Needs in the 21st century*. Consultado el 3 de diciembre de 2018.

Lardinois, F. (2017). Duolingo raises 25M at a 700 M valuation. *TechCrunch*. 25 de julio de 2017. Consultado el 30 de noviembre de 2018.

Leach, N. (2016). Do you have a spare £66,000? Then learn Mandarin! Interactive map reveals the cost of mastering the world's top 20 languages. *Daily Mail*. 3 de noviembre de 2016. Consultado el 3 de diciembre de 2018.

Learning English: Moving Words. *Nelson Mandela*. Consultado el 3 de diciembre de 2018.

Lebov, Ray (2013). *Lobbying 101: What Makes an Effective Lobbyst*. Octubre de 2013. Consultado el 3 de diciembre de 2018.

LIndholm-Leary, K. (2016). *Multilingualism and academic achievement in children in dual language programs*. En Nicoladis, E., Montanari, S., eds. *Multilingualism across the lifespan: Factors moderating language proficiency*: Washington, D.C.: American Psychological Association.

Linguists Online: Language-Teaching Firms. (2013). *Economist*. 5 de enero de 2013. Consultado el 3 de diciembre de 2018.

Livermore, D. (2016). *Driven by difference: How great companies fuel innovation through diversity*. Nueva York: AMACOM, 2016.

Lobbying (definition). Consultado el 3 de diciembre de 2018.

Lobbyit. (2016). *Five Reasons to Lobby for your Cause*. 9 de octubre de 2016. Consultado el 30 de noviembre de 2018.

Lozano, R. (2018). *An American Language: The History of Spanish in the United States*. Oakland: University of California Press.

Lubin, G. (2017). Queens has more languages than anywhere in the world — here's where they're found. *Business Insider*. 15 de febrero de 2017. Consultado el 3 de diciembre de 2018.

Markarian, M. (2017) 11 Habits of highly effective lobbysts. *Huffington Post*. 6 de diciembre de 2017. Consultado el 30 de noviembre de 2018.

McComb, C. (2001). *About One in Four Americans Can Hold a Conversation in a Second Language*. 6 de abril de 2001. Consultado el 3 de diciembre de 2018.

McNunn, R. (2017). 6 Top industries for multilingual employees. *Huffington Post*. 27 de septiembre de 2017. Consultado el 3 de diciembre de 2018.

Meaghan (2018). *Sorry STEM, Google just made the case for more foreign language education*. 1 de enero de 2018. Consultado el 3 de diciembre de 2018.

Merritt, A. (2013). What motivates us to learn foreign languages? *Telegraph*. 28 de febrero de 2013. Consultado el 3 de diciembre de 2018.

Modern Language Association (2018). *Enrollments in languages other than English in United States institutions of higher education.* Consultado el 3 de diciembre de 2018.

Modern Language Association (2007). *Foreign Languages and Higher Education: New Structures for a Changed World.* Consultado el 3 de diciembre de 2018.

Murray, J. (2014). Learning languages is key to UK's success in the global economy. *Guardian.* 19 de junio de 2014. Consultado el 3 de diciembre de 2018.

NAFSA (s.f.). *NAFSA international student economic value tool.* Consultado el 3 de diciembre de 2018.

The National Institute for Lobbying and Ethics (2017). Consultado el 3 de diciembre de 2018.

Neeley, T., y Kaplan, R. S. (2014). What's your language strategy? *Harvard Business Review.* Septiembre de 2014. Consultado el 3 de diciembre de 2018.

New American Economy (2017). *Not lost in translation: The growing importance of foreign language skills in the U.S. job market.* Consultado el 3 de diciembre de 2018.

Poppick, S. (2014). Want to boost your salary? Try learning German. *Time.* 4 de junio de 2014. Consultado el 3 de diciembre de 2018.

Potowski, K. Handbook of Spanish as a heritage/minority language. (2017) (Edited) Routledge.

Potowski, K. Language diversity in the U.S.A. (Editado). (2010). Cambridge University Press.

Potowski, K., Rothman, J., Bilingual youth: Spanish-speakers in English-speaking countries. (2010). John Benjamins.

Potowski, K. Language and identity in a dual immersion school. (2007). Multilingual Matters.

Redden, Elizabeth (2017). Call to Action on Languages, 10 Years Later. *InsideHigherEd.* 6 de enero de 2017. Consultado el 3 de diciembre de 2018.

Report Buyer. *The Global online language learning market is forecasted to grow at CAGR of 1897 during the period 2017-2021.* (2017). 26 de diciembre de 2017. Consultado el 30 de noviembre de 2018.

Ross. J. (2019). Two Centuries of French Education in New York. Nueva York, N.Y.: TBR Books.

Ross, J.; Jaumont, F.; Schulz, J.; Ducrey, L.; Dunn, J., (2017). «Sustainability of French Heritage Language Education in the United States.» en Peter P. Trifonas y Thermistoklis Aravossitas (editores). International Handbook on Research and Practice in Heritage Language Education. Nueva York, N.Y.: Springer.

Ross, J. y Jaumont, F., (2014). «French Heritage Language Communities in the United States». En Terrence Wiley, Joy Peyton, Donna Christian, Sarah Catherine Moore, Na Liu (editores). Handbook of Heritage and Community Languages in the United States: Research, Educational Practice, and Policy. Oxford, Reino Unido: Routledge.

Ross, J. y Jaumont, F., (2012). «Building Bilingual Communities: New York's French Bilingual Revolution». En Ofelia García, Zeena, Zakharia, y Bahar Otcu (editores). Bilingual Community Education and Multilingualism. Beyond Heritage Languages in a Global City (pg. 232-246). Bristol, Reino Unido: Multilingual Matters.

Ross, J. y Jaumont, F., (2013). «French Heritage Language Vitality in the United States». Heritage Language Journal. Volumen 9. Número 3. Joint National Committee for Languages — National Council for Languages and International Studies.

Ryan, C. (2013). *Language Use in the United States: 2011.* US Census. Consultado el 3 de diciembre de 2018.

Schroedler, T. (2018). The value of foreign language learning: *A Study on linguistic capital and the economic value of language skills.* Wiesbaden, Alemania: Springer.

Seave, A. (2016). In the battle of online language learning programs, who is winning? *Forbes.* 23 de septiembre de 2016. Consultado el 3 de diciembre de 2018.

Sercu, Lies (2006). «The Foreign Language and Intercultural Competence Teacher: The Acquisition of a New Professional Identity.» *Intercultural Education*, 17 (1), 55-72.

Sitsanis N. (2017). *Internet Users by Language: Top 10 Languages.* Consultado el 1 de diciembre de 2018.

Statista. *Number of social media users worldwide from 2010 to 2021 (in billions).* Statista. Consultado el 3 de diciembre de 2018.

Stearns, P. (2008). *Educating Global Citizens in Colleges and Universities: Challenges and Opportunities.* Nueva York: Routledge.

Steele, J.L., et al. (2017). *Dual-language immersion programs raise students achievement in English.* Rand Corporation. Consultado el 3 de diciembre de 2018.

Stein-Smith, K. (2017). The Multilingual Advantage: Foreign Language as a Social Skill in a Globalized World. *International Journal of Humanities and Social Science.* V. 7 no. 3. Marzo de 2017. Consultado el 3 de diciembre de 2018.

Stein-Smith, K. (2013). *The US Foreign Language Deficit and Our Economic and National Security.* Lewinston, Nueva York: Edwin Mellen Press.

Stein-Smith, K. (2013). *The US Foreign Language Deficit and How It Can Be Effectively Addressed in a Globalized World.* Lewinston, Nueva York: Edwin Mellen Press.

Stein-Smith, K. (2016). *The US Foreign Language Deficit: Strategies for Maintaining a Competitive Edge in a Globalized World.* Nueva York: Palgrave Macmillan.

Stein-Smith, K. (2013). *The US Foreign Language Deficit.* TEDx. Consultado el 2 de diciembre de 2018.

Tharoor, S. (2017). *There's One Country in the World where the Newspaper Industry Is Still Thriving.* Foro Económico Mundial. 24 de mayo de 2017. Consultado el 3 de diciembre de 2018.

Trafton, A. (2018). Cognitive scientists define critical period for learning language. *MIT News.* 1 de mayo de 2018. Consultado el 3 de diciembre de 2018.

Turner, C. (2015). *The 5 Traits of Winning Grassroots Campaigns*. 25 de febrero de 2015. Consultado el 30 de noviembre de 2018.

UNESCO. *Diversity and the Film Industry*. Marzo de 2016. Info Paper 29. Consultado el 30 de noviembre de 2018.

United Nations (2017). *SG on multilingualism — a core value of the United Nations*. 19 de julio de 2017. Consultado el 3 de diciembre de 2018.

United States Census Bureau (2018). *Top trading partners*. Consultado el 3 de diciembre de 2018.

United States Census Bureau (2011). *Overview of Race and Hispanic Origin: 2010*. Marzo de 2011. Consultado el 3 de diciembre de 2018.

United States Department of Education (2017). *Teacher shortage áreas nationwide listing 1990—1991 through 2017-2018*. Consultado el 3 de diciembre de 2018.

United States Department of Labor. *Occupational Outlook Handbook. Translators and Interpreters*. Consultado el 3 de diciembre de 2018.

Vanides, J. (2016). *4 Reasons why global fluency matters: an open letter to 6th graders everywhere*. 9 de diciembre de 2016. Consultado el 3 de diciembre de 2018.

Villanova University. *Difference between: Six Sigma and Lean Six Sigma*. Consultado el 30 de noviembre de 2018.

Villanova University. *Six Sigma: DMAIC Methodology*. Consultado el 3 de diciembre de 2018.

Young, H. The Digital Language Divide. *Guardian*. Consultado el 30 de noviembre de 2018.

Thompson, A. (2016). How learning a new language improves tolerance. *The Conversation*. 11 de diciembre de 2016. Consultado el 3 de diciembre de 2018.

Weinreich, U. (1968). *Languages in contact*. La Haya: Mouton.

Williams, D. F. (2011). Multiple language usage and earnings in Western Europe. *International Journal of Manpower*. V. 32 N. 4, 372-393.

Índice

Sobre los Autores

Fabrice Jaumont es el autor de *The Bilingual Revolution: The Future of Education is in Two Languages* (TBR Books, 2017), un libro que ofrece inspiradoras viñetas y consejos prácticos para los padres y educadores que desean dar inicio a un programa dual de lengua en su propia escuela. Jaumont ha publicado varios libros y artículos entre los que se encuentran *Unequal Partners: American Foundations and Higher Education Development in Africa* (Palgrave-MacMillan, 2016); *Partenaires inégaux. Fondations américaines et leur influence sur le développement des universités en Afrique* (Éditions de la Maison des sciences de l'homme, 2018); y *Stanley Kubrick: The Odysseys* (Books We Live By, 2018).

Fabrice Jaumont es Miembro Investigador de la Fondation Maison des Sciences de l'Homme (FMSH) en París. También es Agregado de Educación de la Embajada de Francia en Estados Unidos; Director de Programa de la Fundación FACE en Nueva York, y fundador de la plataforma digital New York in French. Tiene un doctorado en Educación Internacional y Comparativa por la Universidad de Nueva York. El Gobierno de Francia lo nombró *Chevalier dans l'Ordre des Palmes académiques* (Caballero de la Orden Nacional de las Palmas Académicas). Asimismo, la Organisation internationale de la Francophonie, junto con el Comité de Embajadores francoparlantes ante las Naciones Unidas, le otorgaron el *Prix de la diversité culturelle*. Para más información, visite el *blog* del autor: fabricejaumont.net.

Kathleen Stein-Smith es autora de *The U.S. Foreign Language Deficit: Strategies for Maintaining a Competitive Edge in a Globalized World* (Palgrave-MacMillan, 2016); *The U.S. Foreign Language Deficit and How It Can Be Effectively Addressed in the Globalized World: A Bibliographic Essay* (Edwin Mellen Press, 2013); y *The U.S. Foreign Language Deficit and Our Economic and National Security: A Bibliographic Essay on the U.S. Language Paradox.* (Edwin Mellen Press, 2013).

Kathleen Stein-Smith es Bibliotecaria Universitaria Asociada y Profesor Adjunto en Lenguas extranjeras de la universidad Fairleigh Dickinson; Presidenta de la American Association of Teachers of French Commission on Advocacy; miembro del comité de educación y pedagogía de la American Translators Association; y asesora de los siguientes grupos de enseñanza de lenguas en el país: Central States Conference on the Teaching of Foreign Languages, Northeast Conference on the Teaching of Foreign Languages, y Southern Conference on Language Teaching. Kathleen Stein-Smith también opera como facilitadora del idioma francés en Many Languages One World. Su conferencia TEDx se llama *The U.S. Foreign Language deficit —What It Is; Why It Matters; and What We Can Do about It*. Asimismo, es autora del blog «Language Matters». Tiene un doctorado en Estudios interdisciplinarios por Union Institute & University, y el gobierno de Francia la nombró *Chevalier dans l'Ordre des Palmes académiques* (Caballero de la Orden Nacional de las Palmas Académicas).

Acerca de TBR Books

TBR Books es un programa de Center for the Advancement of Languages, Education and Communities. Publicamos el trabajo de investigadores y profesionales que desean involucrar a distintas comunidades en temas relacionados con la educación, los idiomas, la historia cultural y las iniciativas sociales.

Con el objetivo de extender aún más nuestro impacto, traducimos nuestros libros a varios idiomas. Al convertirse en miembro de TBR Books, usted recibirá como cortesía acceso a todos nuestros libros.

El libro *El regalo de las lenguas: hacia un cambio de paradigma en la enseñanza de lenguas extranjeras* de Fabrice Jaumont y Kathleen Stein-Smith, está disponible en libro de tapa blanda y versión electrónica en nuestro sitio de Internet y en las más importantes librerías en línea.

El libro *The Bilingual Revolution: The Future of Education is in Two Languages*, se puede encontrar en nuestro sitio de Internet en los siguientes idiomas: árabe, francés, alemán, ruso, español, y muy pronto, en chino, italiano, japonés y polaco.

Para obtener la lista de todos los títulos publicados por TBR Books y más información sobre nuestra serie, o si es autor y desea conocer las pautas generales de envío de material, visite nuestro sitio:

www.tbr-books.org

Acerca de CALEC

El Center for the Advancement of Languages, Education, and Communities (Centro para el avance de las lenguas, la educación y las comunidades), es una organización sin fines de lucro que se enfoca en el multilingüismo, el entendimiento transcultural y la diseminación de ideas. Nuestra misión radica en transformar la vida de la gente ayudando a las comunidades lingüísticas a fundar programas innovadores, y apoyando a los padres y los educadores con investigaciones, publicaciones, asesoría y vinculación.

Hasta el momento les hemos servido a muchas comunidades por medio de nuestros programas principales, entre los que se incluyen:

TBR Books, nuestra rama editorial, publica investigaciones, ensayos y casos de estudio enfocados en ideas innovadoras para la educación, el desarrollo cultural, los idiomas y las lenguas.

The Bilingual Revolution es una plataforma que ofrece información, asesoría y apoyo a las familias multilingües que desean fundar programas duales de lengua en las escuelas.

NewYorkinFrench.net es una plataforma en Internet que provee herramientas de colaboración para apoyar a la comunidad francófona de Nueva York y a la gente de distintos orígenes que habla francés.

También apoyamos a los padres y educadores interesados en impulsar las lenguas, la educación y a las comunidades. Participamos en eventos y conferencias que promueven el multilingüismo y el desarrollo cultural. Ofrecemos servicios de consultoría a directivos escolares y educadores en proceso de implementar programas multilingües en sus escuelas. Para más información y para conocer las distintas maneras en que usted puede ayudarnos en esta misión, visite:

www.calec.org